追懷生命

中國歷史上的墓志銘

伊沛霞　姚平　張聰　主編

圖書在版編目（CIP）數據

追懷生命：中國歷史上的墓志銘 /（美）伊沛霞，
（美）姚平，（美）張聰主編. —上海：上海古籍出版社，2021.1
（2021.6重印）
ISBN 978-7-5325-9856-4

Ⅰ. ①追… Ⅱ. ①伊… ②姚… ③張… Ⅲ. ①墓志—
彙編—中國—古代 Ⅳ. ①K877.45

中國版本圖書館CIP數據核字（2021）第034824號

Chinese Funerary Biographies: An Anthology of Remembered Lives
edited by Patricia Buckley Ebrey, Ping Yao, and Cong Ellen Zhang, was
first published by the University of Washington Press, in 2019.
The Chinese translation of this book is made possible by permission of
the University of Washington Press © 2019, and may be sold throughout
the World.

追懷生命：中國歷史上的墓志銘

〔美〕 伊沛霞、姚平、張聰　主編
上海古籍出版社出版發行
（上海瑞金二路 272 號　郵政編碼 200020）
（1）網址：www. guji. com. cn
（2）E-mail：guji1 @ guji. com. cn
（3）易文網網址：www. ewen. co
蘇州越洋印刷有限公司印刷
開本 890×1240　1/32　印張 8.5　插頁 5　字數 157,000
2021 年 1 月第 1 版　2021 年 6 月第 3 次印刷
印數：6,201—9,300
ISBN 978-7-5325-9856-4
K · 2948　定價：58.00 元
如有品質問題，請與承印公司聯繫

目　　録

前　言

　　制度、觀念和重大事件是還原歷史的最基本條件，但只有當我們聚焦個體人物的遭遇和故事時，歷史纔變得鮮活起來。正因如此，人物傳記一直是最有價值的史料之一。[1]

　　傳記一直是中國史學傳統的一個重要分支。司馬遷（？—公元前86）的《史記》就包括了大約一百五十個人物傳記。他的人物傳記業已具備了現代意義上傳記的所有主要成分——姓、名、字、籍貫、簡歷。司馬遷還常常通過人物對話來爲故事增添色彩；在陳述該人物的事業生涯之後，他有時會提及此人生活中的其他方面，如文學作品、性格特徵、兄弟子嗣等。雖然大部分傳記

---

[1]　有關中國的傳記和墓志的研究成果非常豐富，本書中討論到的主題，大多可以在中英文著述中找到相關討論。我們將在每章末的"延伸閱讀"部分爲讀者介紹一組最基本的中英文論著。

的主角是帝王將相，但司馬遷并不認爲只有政治人物纔値得爲之譜寫生世。他在選擇傳記對象時還有其他種種考慮，如傳主在哲學思想方面的貢獻或者傑出的商業頭腦等。

司馬遷創立的傳記傳統在漢代以後的正史寫作中得到發揚光大。二十四史中有大量重要政治人物的傳記，但也有不少人是因品德或其他方面的成就而得以青史留名的。正史的傳記寫作多以私人編撰的傳記爲資料來源，這也反過來影響了私人傳記的寫作。特別値得一提的，是列女、孝子孝女、地方名人，宋代以後的畫家、書法家，以及著名僧尼、道士、女冠等各色人物的傳記。從宋代起，作爲官府與士紳密切合作産物的地方志，收錄了越來越多的地方名人傳記。

本書的着眼點，是私人撰著（而不是官方主持編纂）的、以紀念死者爲目的的傳記——墓志銘。這一傳記傳統同樣可以追溯到漢代。墓志銘作爲一種文體，在其發展過程中借鑒了正史人物傳記的基本成分，但也深受其他中國文化因素的影響，尤其是家族制度、祖先崇拜以及孝道至上的傳統。

本書所收的墓志銘，在英文中被翻譯成epitaph、funerary biographies（喪葬傳記），或funerary inscriptions（喪葬銘文），現存帝制時期公元前221年—公元1911年的墓志銘數以萬計。長期以來，傳統史家利用這些資料彌補正史之闕。如果志主在正史中也有傳記的話，我們可以在他的墓志銘中找到更多私人生活的内容，比如他的葬地和妻子的姓氏等。此外，正史作者爲了對傳記主人的一生功過是非有個論定，往往會無所顧忌地陳述此人品格上的瑕疵和治政方面的謬誤。而墓志銘的主要功能之一是塑造一個讓親者仿效、尊者贊揚的正面形象，因此它們往往對死者贊譽有加，而對他/她的缺點避而不談。

墓志銘因包括詳細的人品操行、家庭生活、地方世態以及社會文化風俗，可以讓讀者感受到志主所處時代的（尤其是上層社會的）思想行爲和日常生活。墓志銘還讓我們有機會瞭解在正史和地方志中少有記載的各色人物。如果不是貞婦、節婦或其他婦德模範的話，女性很少被寫進正史，然而她們在墓志中却得到了很好的體現（當然尚無法與男性相比）。同樣地，不少男性墓志的志主既没有任何仕宦記録，在其他史料中也没有留下任何記載。早夭的孩子很少出現在家譜或父母的傳記中，但他們却是墓志中被父母和家人殷切懷念的對象。

墓志銘因爲可以爲家庭史、人口史和社會史提供豐富的、可量化的數據，故而受到現代史學家的重視。絕大多數墓志銘提供志主的死亡年齡和年代，由此我們能够推算出他/她的生卒年份。墓志銘還包含了姻親家庭的信息，使我們得以考量當時的婚姻和親緣網絡。大部分墓志還會提及死者子女的名字或數目，以及這些子女是否在世或夭亡，這些信息可以作爲我們研究生育率和死亡率的有效證據。學者們已經用墓志的統計數據來證明婚齡以及擇偶條件的變化。目前一些數位人文研究項目，如哈佛大學的《中國歷代人物傳記資料庫》（Chinese Biographical Database）[1]等，大量利用墓志來復原精英家庭的遷移趨向、地方發展、政治和思想網絡。這類史料的廣泛運用大大增強了我們對中國歷史上的家庭生活、儀禮和宗教實踐、精英的自我標識和維護其社會地位的策略（如自爲婚姻）等方面的瞭解。

女性史研究者一直是使用墓志史料的領先人物。雖然墓志銘和列女傳的目的都是贊揚女性的完美家庭角色和她們的道德典範，但是，墓志銘中也有對女性的情感經歷和她們如何權衡、處理種種微妙的家庭關係的更爲細微的描述。而且，正史和説教性的列女傳往往只注重女性生命中的一個關鍵時段，而墓志則提供了一個更爲完整的圖像，展現了女性在一生各階段中所擔當的角色。女性墓志的撰者大多是她的親人，比如丈夫、兄弟、兒子（當然她的兒子也可能會請求一位知名文人撰寫她的墓志并爲作者提供有關内容）。雖然現存墓志中男性墓志的數量遠超過女性墓志數，但就記載女性生活而言，墓志銘的史料價值是無與倫比的。

本書選擇了二世紀至十九世紀間的三十篇墓志銘，

---

[1] 中國歷代人物傳記資料庫之始祖爲郝若貝教授（Robert M. Hartwell, 1932—1996），目前資料庫的開發工作由哈佛大學費正清中國研究中心、中央研究院歷史語言研究所及北京大學中國古代史研究中心三方合作進行。網址是https://projects.iq.harvard.edu/chinesecbdb。

徐德潤墓志及頂蓋
邊長約59厘米高約13厘米
紐約大都會藝術博物館藏

其中只有四分之一的志主曾因其政績、戰績或在思想文化上的貢獻而享譽一時。其他一些墓志的選擇，往往是因爲它們能讓讀者瞭解到當時生活中的更爲私隱的一面（如父母對子女的感情），或者是因爲它們反映了多種多樣的生活經歷（包括將軍、小吏、僧侶、非漢族背景的軍官、皇親國戚）。這些墓志有助於我們洞察某個時代的特徵以及某種社會和政治氛圍。如果我們將這些人物傳記作爲史料來讀，那我們首先應該把它們放在歷史背景中去理解。正因如此，我們在每章中都對墓志主的生活時代做了一個簡介。

墓志不僅是文字，也是實物。大約從五世紀起，墓志大多是刻有墓主生世的方形石板，邊長40至160厘米不等。傳統的墓志分"序"和"銘"兩部分。"序"的常見内容是墓志主姓名、喪葬、先輩世系、生世、德操、才能，以及（如果墓志主是男性）事業所成。"序"的行文長短不一，有幾百字的，也有幾千字的。一般來說，"銘"要比"序"短得多，它基本上是以詩句的形式再現"序"中的内容，輔之以表達悼亡和思念的詩句和典故。

墓志銘一般都有一方保護性的蓋，蓋上有墓主的姓名，若墓主地位顯赫，則加上其官職封號。蓋銘一般以篆體字刻寫，周邊鑲以吉祥動物或體現中國宇宙觀的紋飾。墓主入葬時，這套墓志銘和蓋會被置放在靠近他／她的地方——或是棺槨上，或是棺槨前，或是墓道口。

墓志的制作要經歷幾道程序，且極其費時，男性精英的墓志尤其如此。一般來説，墓志制作的第一步是編寫墓主的行狀，這大多由他的家人或摯友執筆。然後治喪者之一會請求一位名家爲墓主寫墓志銘。聲望高的文人往往會收到許多撰寫墓志的請求，却不一定全部接受請托者的要求。有時候皇帝也會旨令某個朝官撰寫同僚的墓志，也有文人毛遂自薦爲墓主作志的，還有一些文人學士甚至自撰墓志銘（見第四章）。

與其他隨葬品一樣，墓志銘的功用是幫助墓主從今生過渡到死亡世界，保證他/她在冥界的安康，并向冥界通報他/她的身份地位。作爲隨葬品，墓志銘的首要功能是標明墓葬地點和墓主身份。墓志銘也起着保障墓主不受到各種危害以及確立其屍骨及靈魂之墓地擁有權的作用。而且，對墓主品行和功績的記録也可以安撫墓主并稟告地下官府此人的良好信譽。此外，墓志銘還保證了墓主的品德得以永久保存和發揚。對生者來説，墓志銘是懷念故人和穩固家族的有力工具。制作墓志的過程使家人得以回想、思念、珍惜死者的一言一行，從而鞏固了家庭團結。墓志銘還進一步强化了主流社會文化價值，有效地提高了墓主家族的社會地位。這是精英家庭最爲重視的兩方面。

墓志撰寫完畢并交付（往往是長途遞送）給請托者後，墓主家庭可以直接采用撰志者的書法，也可以再請一個書法家謄寫以增添墓志的藝術效果。許多家庭最後選擇另請書法家，這又要花費大量時間和資金。正因爲如此，墓志銘以及墓志拓本爲我們研究書法以及字體的發展演變提供了極有價值的材料。一般來說，墓志銘是用楷書書寫的，而志蓋上死者的姓名和官銜則采用篆書或隸書，然後由當地的刻石藝匠完成最後一道程序。可以想象，在複製這些書法家的作品時，藝匠的審美取向和文化程度對墓志的視覺效果有着極大的影響。正如我們在一些出土墓志中所看到的，書法家或刻石藝匠偶爾會出錯——或是漏字，或是有錯別字。

考慮到與制作工程各方聯繫及安排所需的時間，墓志入土之前一定會耗去幾個月甚至更多的時間，而相關費用也可能越來越高，但史料對墓志制作各個環節的標價和實際支出數額往往隱而不宣。偶爾提及具體費用，也大多是爲了凸顯撰著者或書法家的名望，當然也有一些是關涉名門大族或特殊喪葬情況。毋庸置疑，墓志制作所花費的時間和金錢有時會導致久而不葬。當然，也有更爲簡單的選擇，本書第九章的定制墓志顯示，有些專業工坊會提供包括墓志銘在內的"喪葬套系"以減輕舉喪之家在時間和資金上的壓力。這類服務可能在晚唐時期就已出現。這一現象説明，墓志作爲喪葬儀禮的一部分已經在達貴之外的富足家庭中盛行。

墓志入土并不標志着它的終點，墓志銘會被制成拓片，或收入到選集、宗譜、家訓或文人學士的個人文集中。這些墓志銘不僅在親友間流傳，它們的文學和藝術價值也被文人們所欣賞。多年來，因爲盜墓、土崩、建築工程和考古發掘，有大量的墓志出土，有些完整無缺，有些殘而不全。這些新發現逐漸擴大了供歷史學家參考使用的史料庫。

墓志的起源可以追溯到秦漢時期。那時人們已經在墓中放置種種文本，它們或是寫在絹帛上，或是寫在更爲耐久的材料上，其作用是標示死者、保護墓葬，并向陰曹地府通報墓主生前的地位和特權。我們還會在棺槨、隨葬品、供品架，以及墓道口、支柱、墓門、墓壁等處發現有關死者家世和生平的銘文。大多數隨葬品很貴重，所以只有富貴之家纔會如此奢侈。不過，考古發現證明，當時的觀念是，無論地位高低，死者都應該有一個身份證明。比如，考古學家在一個秦漢時期的刑徒墓葬群中發現了幾百個刻有死者基本信息（如名字、户籍、死亡日期等）的磚瓦。雖然這些磚瓦文字簡略、材料粗陋，但它們擔當着雙重作用——既是官府的記錄，又是死者亡靈轉世的身份標示。學者們認爲，這些“志墓”文字是墓志銘的前身。

大多數學者認爲，至今所知最早的墓志銘是成文於公元106年的賈仲武妻馬姜的墓志（見第一章第一篇）。墓碑有殘缺，所以志文不全。但這篇二百字左右的墓志銘已包括了中國墓志傳統的基本要素——墓志主的生世、優異品德和功績、喪葬日期、墳墓地點，以及其他一些有關下葬安排的信息。與後代的墓志銘相比，《馬姜墓志》顯然缺少一個以詩頌爲主的"銘"。與之相反，其他一些早期墓志有"銘"而無"序"。至今出土的西漢墓志不到二十方，顯然，墓志出現之前的種種志墓方法仍然在被使用。

最普遍的漢代志墓形式是矗立在墓邊的墓碑（見第一章第二、三篇）。墓碑的流行是與出殯儀式和墓地祭祖的愈趨重要緊密關連的。許多有品級的官吏和地方要員，他們的下屬、親友和鄉紳爲他們建立墓碑，這些墓碑既可以標示落葬地點，又能用以紀念墓主的豐功偉績。墓碑在二至三世紀極爲盛行。除了贊美墓主，墓碑的另一個特點是立碑者和捐助者的名字也會刻在碑上，因此這些文物是我們瞭解當時的社會交際網絡和精英成員身份的理想材料。

奢葬和龐大的殯殮儀仗最終引起了朝廷的反對，魏晉兩朝多次下詔禁斷厚葬。在提倡節儉之外，朝廷還制定政策以圖遏制爲地方上的豪門巨閥建祠立碑的行爲。這些禁令并沒有完全中止這種樹碑立傳的風氣，但它導致了門閥之家逐漸將石碑埋入地下這一風氣的盛行。

促使墓志銘成爲主要的紀念文字形式的還有其他一些因素。在四世紀，"五胡亂華"和漢族朝廷的南遷引發了長時期政治和社會的不穩定，其結果是許多貴族精英殞命於遠離宗族墓地的外鄉。不少死者被權葬在臨時性的墳地，而且往往是多人合葬，還有不少人死於非命，這讓死者的親人深感不安并希望找到一個可以有效地紀念死者的方式。能够起到永久標示死者作用的墓志銘由此盛行起來。

從已經發表的材料來看，墓志銘在五至六世紀的北魏貴族墓葬中開始普遍出現。比如，在660方漢代至南北朝的墓志中，過半數（有356方）是北魏時期的墓志。[1]墓志數的劇增與北魏遷都洛陽（494）正好在時代上吻合。孝文帝（467—499在位）的漢化政策之一就是下令將軍中的死者安葬在洛陽邙山（而不是回葬到北方故地）；身處洛陽的漢族上層家庭也選擇邙山作爲他們的墓地（見第二章、第三章）。

到五世紀後半期，墓志銘已經基本定型，它們不僅提供詳細的先輩世系以及墓志主的生世信息（如姓名、族望、聯姻家族、妻子兒女、親家、歷任官職等），而且還突出顯示其道德品行和業績。墓志銘也逐漸被認可爲一種獨立的文體，不僅"墓志銘"一詞被廣泛用於墓志標題，而且《文選》也將它另列爲一類文體。此外，墓志銘還被收入當時的個人文集。

唐宋兩代有大量墓志銘流傳下來。與唐以前的數百方墓志相比，現在所知的唐代墓志數量至少有八千以上。十九世紀早期編纂的《全唐文》中就有近千份墓志銘，很多是從當時可以搜集到的唐人文集中選出的。其他的唐代墓志大多來自墓葬發掘出土，且絕大部分來自

---

[1] 趙萬里《漢魏南北朝墓志集釋》，科學出版社，1956年。

邙山一帶以及唐代都城——洛陽和長安之間，當時的政治權貴和社會精英家族大多居住在兩都，因此祖墳墓地也多在那裏。

從唐代後半期開始，墓志銘篇幅大爲增加，唐以前的墓志銘中篇幅超過千字的很少見，但唐代的長篇墓志銘字數多達二至三千。宋代的墓志銘更甚，五千字以上的并不罕見，有的甚至接近一萬字。唐宋時期的墓志體積也比早期的大，單邊長度一般超過70厘米，而晉代至北魏的墓志平均邊長只在40至50厘米之間。唐宋時期的墓志主身份也愈趨多元——雖然墓志主中大部分仍然是政治社會地位突出的家族成員，但精英圈之外的各色人物，如和尚道士、女尼女冠（第三章、第五章）、衙門小吏、鄉紳居士（第十二章）、商人（第九章第三篇、第十六章）、宮廷女性、妾、侍婢、乳母甚至幼童（第九章第二篇）等都在墓志中有所體現。墓志的地域分布也有變化——唐代的貴族大多居住在洛陽和長安兩都，而宋代的墓志顯示，墓志主往往出生在不同地區，撰志者也多來自各地。最令人意想不到的是，從山西東南地區出土的墓志來看，當地已有一批專業的墓志制造者，他們可以爲任何身份的死者配備墓志，而且似乎有樣本作依據（見第九章）。

八世紀末至九世紀初，以及十一世紀上中葉，是墓志史上的兩個特別重要的時期，它們恰好與唐宋之間政治、社會和文化的重大轉型相吻合，而與之更爲相關的則是大姓貴族在唐末的衰落以及宋代士大夫勢力的崛起。中古時期貴族的社會地位往往取決於他們的世系并通過大姓間自爲婚姻來維護，相比之下，在宋代，新興的士大夫在社會階層和地域分布上更爲多元，他們大多因爲自己的學問、科考的成功以及爲朝政仕宦而得以出人頭地。精英階層在成分和取向上的變化對墓志銘的内容有直接的影響。這一變化尤其體現在描述理想男女角色行爲和個人、家庭的成就所賦予的意義方面。

唐宋時期墓志之盛行也使得這些文字得到了更好的保存。雖然墓志銘在五世紀就已經被認可爲文體之一，但只有墓志銘中的賦句部分（"銘"）被收入文集中，而敘事性的"序"往往被略之不録，因爲當時人認爲"序"并不是墓志銘這一文體的關鍵成分。與之相比，唐代的墓志不僅被全文收録，而且在個人文集中有一個分門別類的、獨立的類目。這一時期墓志銘的另外一個明顯變化是它的文風。魏晉至初唐的墓志行文多爲格式化的駢文（見第二、三、四章），從九世紀起，因爲受到以韓愈（768—824）、柳宗元（773—819）、權德輿（759—818）等人爲領袖的古文運動的影響，墓志銘往往生動地描寫志主的一生，并穿插一些趣聞軼事，行文也更爲自由不拘（見第六章）。

古文運動也給宋代文人在文章結構上帶來了靈活性。北魏和唐代的墓志銘作者一般都會按照嚴格的順序來描寫死者：首先介紹姓名、祖先、家世和早年生活，隨後描述他/她一生中的重要事件、直系親屬，以及死亡和喪葬。相比之下，宋代的作者并不如此循規蹈矩。有些宋代墓志會以"某某日，甲終於京都之官舍（或私舍）""孤子乙烏號備竭，求志於吾""某某年，吾與丙供職於某州"之類的句子開篇。在這類別具一格而引人注目的開場白之後，往往是非常詳盡的有關作者與死者之親屬關係的描敘。這種在結構和敘述上的多樣化不僅標志着墓志寫作的新取向，而且也顯示出宋代作者在構思一篇引人入勝的傳記上的創造力（見第十、十一、十二、十三章）。

唐代以前的墓志銘很少記載作者的名字，從八世紀起，墓志作者通常會通報身份。在這些有名有姓的作者中，還有幾位是女性（第五章、第二十二章），不過，她們的行文與男性作者爲家人所作的墓志銘很相近。

唐代的一個值得注意的現象是，名望極高的書法家參與了墓志制作。歐陽詢（557—641）、虞世南（558—638）、張旭（675—750）、顏真卿（709—784）以及其他著名書法家的墨寶給制作完畢的墓志帶來了極高的聲譽。同樣重要的是，這些大書法家的參與導致許多人臨摹刻有他們書法的墓志拓片，從而使得正楷這一書體得到了長足的發展。因爲這些原因，宋代之後，墓志拓本成爲既有文學價值又有藝術價值的收藏品。到了十一世紀，墓志拓片以及手抄本已成爲可以購買的商品，墓志

董美人墓志

銘從而成了文學作品或藝術品。至此，墓志銘不再僅是爲了安撫死者和紀念祖先，它們也已成爲死者家族和撰志者顯示社會地位和宣揚社會、文化理念的，公開的，極爲有效的平台。

墓志銘之愈趨公開反映了其讀者對象從死者神靈及陰間地府到世間生人的轉移。這一變化也體現在墓志銘作者對自己與死者或死者家庭的關係的陳述上。宋代作者經常會提到死者親屬求志的情景以及自己是如何因感服而從命的細節。有時作者會交代，他與死者或其家屬交友甚久，深諳死者的傑出品格和成就，因而有義務使之發揚光大（第十章、第十一章）。

墓志銘趨向於注重生者的情況還體現在墓志內容的變化上。唐宋墓志一般會遵循早期墓志陳述死者前輩和家世的先例，但是，這一部分的篇幅逐漸減少。唐代前半葉的墓志大多詳細介紹死者的郡望及其起源，九至十世紀的墓志則往往簡而述之，至十一世紀，只有一小部分墓志會追溯到幾百年前的祖先。對世系關注的淡漠反映了這一時期家族譜系已逐漸失去其在衡量社會地位中舉足輕重的位置。

縮短世系介紹所占的篇幅使得墓志銘作者有更多的空間述評死者的後代及其成就。唐代早期的墓志銘往往只提及主持喪葬的嗣子或嗣孫，很少列出死者的所有子女，墓志例常提及女兒名字的現象在唐代後半葉纔出現。自九世紀初起，墓志銘介紹死者所有子女（包括庶出子女）漸漸成爲普遍現象。到了十一世紀中期，一份典型的墓志會提及死者的子女及其婚姻，死者的第三代，子孫的學業、科考、職官等的完整信息。與此相同，母親（尤其是寡母）越來越因爲她在教育子女以及培養兒子學業和仕途志向上所做的工作而倍受贊譽。這一對死者直系家屬的多方關注使得墓志銘的篇幅變得更爲可觀。

晚唐及宋代墓志銘之凸顯後代（尤其是兒子）的另一個特點是，墓志成爲贊譽人子孝行的工具。有時對人子的贊美幾乎等同於對死者的頌揚。宋代墓志充斥着有關孝子們費盡心機求得墓志的感人軼事，諸如他們如何在悲痛欲絕之際長途跋涉纍月（甚至經年）以説服名家爲自己的雙親撰寫墓志。對孝子爲父母求得一方佳志的大力頌揚導致了另一個有意思的現象——在幾百位唐宋墓志銘撰者中，大部分人選擇不由自己爲父母撰志。以北宋爲例，《全宋文》收集了370多位文人撰寫的墓志，其中只有15位作者爲自己的父母作志，只占總數的百分之四。這些已經功成名就的文人寧願請求好友或同僚爲自己的父母歌功頌德，并借機由他們贊譽求志者的孝行。而最終同意撰文的墓志銘作者，也會對求志者的高價索求做出回應，將墓志銘越寫越長。

唐代之後，中國的部分或全部領土多次淪於非漢族皇權的統治之下，契丹人建立的遼代（916—1125）和女真人建立的金代（1115—1234）只掌控了中國的部分地區（金代的地域遠超過遼代）。隨後，蒙古人建立的元代（1271—1368）和滿洲人建立的清代（1644—1912）統治了全國。本書的第八、十四、十五、十九章反映了這些朝代漢人與非漢族統治者間關係的種種形態。有意思的是，這些墓志銘的作者只字不提墓志主與他們的同事或配偶間的種族差異。這是不是因爲種族差異（如同社會等級一般）在當時的日常生活中因司空見慣而不足以道？抑或，這是一個過分敏感的話題，根本不宜寫入墓志？

現存遼代至清代的墓志銘有多少？目前我們尚未見到一個完整的統計數，不過，隨着人口的增長、士人階層的擴大以及墓志作爲喪葬程序的平民化，我們幾乎可以肯定，唐代以後的墓志數一定超過了唐代。而且，識字率的提高以及印刷業的興盛也帶動了墓志銘抄本的流傳和保存。比如，最近出版的《全宋文》就搜集了近四千五百份墓志，雖然其中的大多數錄自宋人文集，但也有一些是發掘出土的墓志。此外，《清代碑傳全集》收有墓志約五千五百份。唐以後歷代墓志較之前代出版爲少，反映了學界對近幾百年墓志發掘或編印的忽視。歸根結底，其原因在於明清時代的其他史料已經極爲豐富了。此外，就紀念性文體而言，唐宋以後，墓志銘不再像以前那樣占據主導地位。取而代之的是其他種類的文體，如個人回憶錄、爲喪葬而作的詩集，以及與喪葬無關的普通百姓的傳記。

大部分定型於唐宋之間的墓志銘寫作風格在元明清時期得到延續，墓志銘也仍然是一個備受推崇的文學體裁，一些著名文人同時是高產的墓志作者。比如，第十四章中出現的虞集（1271—1348）就留下了89份墓志，第十七章和第二十章中出現的毛奇齡所撰寫的墓志銘超過了85份。商人（第十六章）和軍人的墓志銘（第十七章）爲我們提供了關於官僚機構之外的種種人物的寶貴信息。此外，需要説明的是，本書所選的明清女性墓志的比例要超過實際男女墓志比例，這個決定是基於以下考慮：相比之下，女性在同時期的其他史料中所占比例不大。由家人撰寫的女性墓志尤其有其獨特價值，故此，我們選擇了一份弟弟爲長姐撰寫的墓志（第十八章）以及一份丈夫爲妻子撰寫的生志（第二十一章）。此外，我們還收入了一位清代妻子爲丈夫撰寫的墓志銘（第二十二章）。現存女性撰寫的墓志不超過五十份，其中大部分成文於明清時期，這些墓志爲我們提供了聆聽女性聲音的難得的機會。

本書的讀者們可以選擇以任何順序來細細琢磨這些墓志，因爲它們每一篇都是一個獨立的故事。當然，通讀全書并對各時期的墓志作比較分析也會讓大家受益匪淺。此外，讀者還可以選擇一組群體（如女性墓志、將士墓志）來進行深入的切磋探討。

私人傳記與正史有何區別？現代讀者可能有興趣瞭解北宋文人曾鞏的看法。在《寄歐陽舍人書》中，曾鞏寫道，儘管墓志銘和正史的傳記在很多方面目的相近，但二者之間的巨大差異在於，"史之於善惡無所不書。而銘者，蓋古之人有功德、材行、志義之美者，懼後世之不知，則必銘而見之"。也就是説，史書注重秉筆直書，不爲尊者諱。但并非人人都有資格"享有"一方墓志。曾鞏認爲，墓志銘的功能在於"使死者無有所憾，生者得致其嚴。而善人喜於見傳，則勇於自立"[1]。曾鞏對墓志與正史傳記差異的論述，提醒墓志銘作者以及死者家屬在塑造死者的身後形象上斟酌再三。同時，他也暗示，對不配擁有墓志銘而因此更易被歷史遺忘的擔憂有其一定的社會效益——因爲這種"恐懼"可能間接激勵世人避惡行善。

[1] 曾鞏《寄歐陽舍人書》，曾棗莊、劉琳編《全宋文》，上海辭書出版社，2006年，第57卷，第246頁。

第一章

東漢時期的三篇短文

馬　姜（34—106）
吳仲山（約92—172）
孔　耽（二世紀八十年代）

這三份文獻選自現存墓葬碑志中年代最早的幾篇，死者并不曾顯赫一時，其中還有一位是女性。這些碑志的着重點是描述墓主的品格以及提供其生平、喪葬等基本信息。

導讀：

　　《馬姜墓志》成文於106年，1929年出土於洛陽，很可能是至今已發現的入土墓志中年代最早的一篇。《馬姜墓志》不僅提供了志主的生平信息，而且還對她的美德大加稱贊。雖然它篇幅簡短，却包含了中國傳統墓志的基本要素——亡者生世、功績美德、家屬成員、喪葬安排、撰志者、請托者。當然，搜羅考證這些偶爾發現的石刻并不是當代考古學家的首創，至晚在宋代，許多文人雅士已經在制作漢代石刻的拓片，出版他們所

趙錄四之一而近歲新出者亦三十餘趙蓋未見也
既法其字為之韻復辨其字為之釋使學隸者藉書
以讀碑則應應在目而咀味菁華亦翰墨之一助唯
老子張公神費鳳三數碑有撰人名氏若華山亭為
衛覬之文見于它說者財一二爾其文或險而難解
澀而太鑿者壁之紀廚部鼎皆三代勵存之器其剝
缺不成章與魏初之文篇附于後如斷圭殘璧亦
可寶自劉熹賈逵已下字畫不足取者皆不著乾道
三年正月八日鄱陽洪适景伯序

隸釋卷第一

孟郁脩堯廟碑
成陽靈臺碑　介陰　帝堯碑
孔廟置守廟百石碑　高眹脩周公禮殿記
韓勅脩孔廟後碑　韓勅造孔廟禮器碑陰
史晨饗孔廟後碑　史晨祠孔廟奏銘
濟陰太守孟郁脩堯廟碑
漢永康元年缺月字缺二惟昔帝堯聖德慶邑孔彌
赫湯湯興基赤精之胄為漢始別陵炎炎上交倉

洪适《隸釋》

收集的拓本及相關記録。洪适（1117—1184）就是這樣一位收藏家，他收集了185份石刻文獻并備寫了詳細説明。這些石刻不僅包括了墓葬記録，而且還有不少其他種類的文字，比如，紀念修建廟宇、道路以及爲地方官歌功頌德的碑文。本章中的第二篇和第三篇墓志就是選自洪适的石刻拓本集——《隸釋》。自洪适後，一些好古之士還出版了比漢代更早的石刻資料。

　　絶大部分現存漢代墓葬石刻并不入棺入土，而是矗立在墳墓之上。此外，漢代墓碑文字大多很簡略。本章收入《故民吴仲山碑》（第二篇）是因爲它與其他漢代碑文頗爲不同——吴仲山家族中没有一位出任過官職，而且文本中還有不少借用字和異體字。第三篇《梁相孔耽神祠碑》中的孔耽長期在一個地方政府機構當下屬，不過他也曾一度因一位郡將表病委職而代爲行事。與《故民吴仲山碑》相同，《梁相孔耽神祠碑》着重於描寫孔耽的個人品格。這篇碑文的與衆不同之處是，孔耽不僅自己參與撰寫，而且還在生前建造自己的神祠，文中甚至提到建祠的費用！

志文：

馬 姜 墓 志

　　惟永平七年七月廿一日，漢左將軍特進膠東侯第五子賈武仲卒，時年廿九。夫人馬姜，伏波將軍新息

馬姜墓志

忠成侯之女，明德皇后之姊也。生四女。年廿三，而賈君卒。夫人深守高節，劬勞歷載，育成幼媛，光□祖先，遂升二女爲顯節園貴人。其次適鬲侯朱氏，其次適陽泉侯劉氏。朱紫繽紛，寵禄盈門，皆猶夫人。夫人以母儀之德，爲宗族之覆。□春秋七十三，延平元年七月□□□薨。皇上閔悼，兩宮[1]賻贈，賜秘器以禮殯。以九月十日葬於芒門舊塋。（下殘）子孫懼不能章明，故刻石紀□（下殘）[2]

故民吳仲山碑

熹平元年十二月上旬。

吳公仲山，少立名迹。約身劌己，節度無雙。不貪仕進，隱匿世間。府縣請召，未曾窺城。守鮮貧苦，不豫輝榮。

兄弟三人，居其中央。事長接幼，出入敖詳。元少不幸，棄世早亡。乾坤蓋載，八十有長。年壽未究，而遭禍央。子孫飲泣，呼招不能。還與世彌爾，感痛奈何何。

惟公德美，布惠州里。遠近假求，不言無有。春秋

---

[1]　"兩宮"一般指太后和皇帝或皇帝和皇后，但此處有可能指馬姜的兩個女兒。
[2]　趙超《漢魏南北朝墓志彙編》，天津古籍出版社，1992年，第1頁。

舉貸，給與無已。不逆人意，率導以理。市庭沽渠，飲食空廡。收襁遺孤，皆置門裏。先亡爲葬，幼弱娶婦。受恩者無販，不能悲嗟，效報社里。其恩捐施，豈誰照矣。

公本有三息，遺孤二莊，無介少德。父有餘財，東西南北，不能起樓高殿，棁觀采色。宗諸邂逅，連有不得。兼官微傍，象不及大。

孤慚亡父，憂居夙夜。如有空缺，務却築蓋。神零有知，水徂挺頁。焉焉矣矣，子孫萬歲。[1]

梁相孔耽神祠碑

君諱耽，兄弟三人，君最長。厥先出自殷烈，殷家者質，故君字伯本。初魯遭亡新之際，苗冑析離，始定茲者，從叔陽以來。

君少治《禮經》，遭元二轗軻。人民相食，舞土茅茨。躬采菱藕，消形瘦腊，以養其親。慈仁質桷，精靜誠信。天授之性，飛其學也。

治產小有，追念祖母，故舞魂構。於是君乎，竭凱風以惆悵，惟蓼儀以愴恨。恃閭郭藏，造作堂宇。增土種柏，孝心達冥。平石上見神蛇，有頃復亡。放籠羅之雉，救窮禽之厄。

---

[1]（宋）洪适《隸釋》卷9。

小弟升高，游荒畜積。道富財貧，君引共居卅餘年。雖娸舛如義合，故天應厥證，木生連理，成禮一焉。

下則容人，上則洪茂，馨卓流布。縣請署主簿功曹，府招稽議，郡將烏程沈府君表病委職，署君行事，假穀孰長印綬，總領文書。

年逾皓首，縣車家巷。黃髦荒老，背有胎表。孫息敖姚，歡樂壽考。觀金石之消，知萬物有終始。圖千載之洪慮，定吉兆於天府。

目睹工匠之所營，心欣悦於所處。其内洞房四通，外則長廊。功賦合出卅萬，以光和五年歲在壬戌夏六月訖成於此行。

夫君子欽美，含歌如頌曰：

君之德兮性自然，蹈仁義兮履璞純。惻隱至兮神蛇存，皇垂象兮木理連，矜鳥獸兮放舍游。享黻榮兮景號宣，達情性兮睹未然。永億載兮傳功勛，刊石祠兮示哲賢。[1]

延伸閲讀：

董慕達（Miranda Brown）：《中國早期歷史上的悼亡政治》（*The Politics of Mourning in Early China*），紐約州立大學出版社，2007年。

---

[1]（宋）洪适《隸釋》卷5。

伊沛霞（Patricia Buckley Ebrey）：《後漢時期的碑刻》（Later Han Stone Inscriptions），《哈佛亞洲研究學刊》（*Harvard Journal of Asiatic Studies*）第40輯，第2期（1980），第325—353頁。

（漢）劉向撰，司馬安（Anne Behnke Kinney）譯：《列女傳》（*Exemplary Women of Early China*），哥倫比亞大學出版社，2014年。

姚平（Yao Ping）：《女性肖像：中國歷史早期與中期墓志概觀》（Women in Portraits: An Overview of Epitaphs from Early and Medieval China），收於劉詠聰（Clara Wing-chung Ho）編，《亦顯亦隱的寶庫：中國女性史史料學論文集》（*Overt and Covert Treasures: Essays on the Sources for Chinese Women's History*），香港中文大學出版社，2012年，第157—183頁。

（姚平、伊沛霞［Patricia B. Ebrey］）

第二章

一位漢族將軍爲北魏朝當諸軍事

司馬悦（462—508）

> 這方墓志銘揭示了一個複雜的政治歷史，在這個
> 時代，南朝和北朝宫廷并存，而在一個宫廷失去
> 權力的人可能會在另一個宫廷受到歡迎。

導讀：

　　1979年元月，建築工人在河南省孟州市西南2.4公
里處，發現了北魏司馬悦（462—508）的墳墓。儘管
墓早就被洗劫了，該墓中仍有十二件陶器和一方保存完
好的墓志銘。[1]該墓志爲我們探索温縣司馬家族（晉朝
[265—420]王室）在南北朝時代（317—589）對歷史
發展的重要影響提供了機會。這個政治分裂的時代，對
於瞭解中國歷史是特别重要的，因爲這是一個以鮮卑文
化和漢族文化融合爲特徵的時代，而且深刻地影響了隨

---

[1]　孟縣人民文化館、尚振明《孟縣出土北魏司馬悦墓志》，《文物》
1981年（第12期），第45—46頁，圖版肆。

後隋朝（581—618）和唐朝（618—907）的經濟、社會、軍事和政治方面的發展道路。

當東漢王朝（25—220）在三世紀初崩潰時，中國分裂成三個王國。北方的魏國（220—265）雖然人口最多，而且控制範圍包含了傳統首都地區長安和洛陽，但其王室逐漸失去了權力，這主要是由於溫縣司馬家族的陰謀詭計。司馬家族的力量是從晉宣王司馬懿（179—251）協助魏國擊敗吳國開始積纍的。司馬懿去世後，他的兒子們通過堅決保持軍事權威，繼續控制着朝廷。最終，在265年，司馬懿的孫子晉武帝司馬炎（236—290）接受了最後一位魏王曹奐的退位，并開始統治西晉王朝，并且在公元280年統一了中國。

然而，這次統一的持久性不及預期，因爲就在司馬炎死亡之後，司馬氏諸王之間爆發了内戰。在這場曠日持久的衝突之後，非漢族人（匈奴、羯、狄、羌、鮮卑）幾次發起了針對弱勢的晉朝的戰役。到317年，西晉朝廷因不再能抵禦五胡的威脅而被迫放棄首都地區（洛陽和長安），逃往建康（南京），這一轉變標志着東晉時期（317—420）的開始。在這種心理上的震驚感和經濟上的毀滅性變化中，中國經歷了長達270年的政治分裂。與此同時，南朝與北國爲取得一統天下的王權而長期争鬥。這篇墓志銘的主人司馬悦和他的祖先，正是活躍於北魏（386—534），一個拓跋氏族統治北方的時代。

魏故持節督豫州諸軍事鎮南將軍豫州刺史司馬悅墓誌

君諱悅，字慶宗，司州河內溫縣都鄉孝敬里人也。故侍中開府儀同三司、尚書令、司空公、康王之第三子，先是庶姓，猶王封…

…大魏永平四年歲在辛卯二月丁卯朔十五日辛巳建

司馬悦的祖父司馬楚之（390—464）是司馬懿的弟弟——東武城侯司馬馗——的第八代後裔。當司馬楚之十七歲時，他父親司馬榮期被一位下屬殺死了。司馬楚之陪同父親的遺體前往東晉首都建康附近的丹陽進行埋葬。在建康時，雄心勃勃的將軍劉裕（劉宋武帝，420—422在位）在鞏固了他的權威以後，開始了一項奪取東晉政權的計劃。司馬家族的許多成員受害了。司馬楚之的叔叔司馬宣期和哥哥司馬貞之都被殺害。司馬楚之本人因躲藏在佛教寺院中而得以逃脫。不久以後他越過長江，向另一位叔叔——荊州刺史司馬休之尋求保護。而當司馬休之的軍隊被劉裕擊敗時，司馬楚之別無選擇，只能逃往北方。

司馬楚之在淮水以北建立了自己的根據地，目的是對當時宣布自己為劉宋朝皇帝的劉裕發動反擊。司馬楚之迅速集結了幾千人，組成一支可畏的軍隊。劉裕感到忌憚，并派出刺客去殺他。司馬楚之以非常謙遜和尊敬的態度接待了刺客。刺客大受感動，透露了自己的刺殺計劃，并成為司馬楚之的支持者。此後，北魏皇帝派使者去觀察司馬楚之是否構成威脅。司馬楚之接待這位使者時爭辯說，如果得到宮廷的官方認可，他可以更有效地為北魏朝服務。後來，北魏皇帝授予他為征南將軍，并任命他為荊州刺史。司馬楚之幫助北魏的軍隊擊敗第二位劉宋皇帝發動的一次重大的戰役，奪回了洛陽和黃河以南的一塊領土。

司馬楚之後來與河內公主結婚，并被任命爲北魏宮廷侍中。他的兒子司馬金龍（卒於484）更是融入了鮮卑精英階級。他與隴西王的女兒結婚，逝世後被葬在當時北魏的首都平城外（今屬山西省大同市）。司馬金龍的墳墓在1965年被發現，考古家進行挖掘時，找到了數百件精美的墓葬品。[1]

在四世紀末，北魏孝文帝（471—499在位）制定了一項雄偉的計劃，即根據漢族模式來構建北魏國家。在公元494年至499年的五年中，孝文帝發布了一系列法令，旨在縮小鮮卑人和中原漢人之間的文化鴻溝。他禁止穿非漢式服裝，要求在宮廷的辯論上使用漢文，堅持使用漢文的度量衡，下令朝臣必將其鮮卑名字改爲漢人名字（皇室姓改爲元），并敦促精英階層的成員按照儒家之禮來哀悼死者。而且，最重要的是，他決定將北魏首府從平城遷至洛陽。此舉在494年進行，旨在加強北魏對富饒的南部地區的統治，更有效地控制徵兵、稅收和農業經濟。首都遷址一年後，孝文帝又頒布了一項法令，命令居住在洛陽的精英人士死後必須埋葬在新都洛陽，家人不得將死者的遺體送回北方。換句話說，拓跋精英人士被重新歸類爲洛陽人。

這篇墓志的主人司馬悦是司馬金龍的第三個兒子。

---

[1] 山西省大同博物館、山西省文物工作委員會《山西大同石家寨北魏司馬金龍墓》，《文物》1972年（第3期），第39—44頁。

司馬悅墓志

在墓志銘的第一段中，作者列出了他父親和祖父令人印象深刻的貴族等級和職務。通過強調司馬悦的優良血統，墓志的作者既承認了司馬氏祖先的成就，又鞏固了家族對長久以來精英地位的要求。第二段贊美司馬悦所擁有的許多優秀特質和道德品行，并申明他很年輕的時候就開始受到人們的稱贊。然後，志文羅列了他在官僚機構中的職位、晉升過程以及在官位時的兢兢業業。這種敘述有效地説服了讀者：司馬悦對北魏政權的堅定忠誠只是延續他祖父和父親所倡導的忠實服務的傳統。

司馬悦墓志銘的第三段告訴讀者，他不僅在494年陪同北魏宮廷前往洛陽，而且皇帝的弟弟咸陽王元禧（卒於501）視他爲"英彦"之士。顯然，對司馬悦的欽佩有一部分是因爲他有能力公平地對待當地的漢人，這意味着他可以有效地與已經居住在洛陽周邊地區的漢人進行談判，從而促使他們接受北魏對該地區的直接統治。由於他的成功，他在領導軍事上被賦予了更大的信任和責任。

司馬悦還參與了保護淮水以南北魏郡縣的戰役，使其免受蕭梁軍隊的侵害。司馬悦墓志銘的第四段反映了他對擊敗梁朝軍隊的貢獻。爲了表揚他協助擊退梁朝的襲擊，司馬悦被任命爲豫州刺史。不幸的是，他無法享受這一特殊榮譽，因爲在508年，他被自己的一些下屬謀殺了。叛兵設法擊敗司馬悦的保鏢，將他殺害，并將他的頭顱交給了梁武帝。墓志銘用含糊的言語描述了這場悲劇:"釁機竊發，禍起非慮。"

司馬悅508年去世，但是在511年纔安葬。這將近兩年半的間隔，可能是因爲他的家人不想埋葬他不完整的屍體。叛亂平息後不久，一位北魏將軍從梁朝軍隊手中奪回了領土，并談判以交換兩名囚犯爲代價換取司馬悅的頭顱。經過這次交易，司馬悅的葬禮得以進行。

仔細閱讀司馬悅的墓志銘可以幫助我們更瞭解中國中古時代人們所經歷的許多方面的事，如他們轉變政治忠誠的動機，精英聲望的脆弱，種族認同的複雜性，以及那些與草原有着深厚關係的人民和那些擁有華夏文明傳統價值觀的人民彼此相遇的結果。

志文:

魏故持節督豫州諸軍事征虜將軍
漁陽縣開國子豫州刺史司馬悅墓志

君諱悅，字慶宗，司州河內溫縣都鄉孝敬里人也。故侍中征南大將軍開府儀同三司貞王之孫，故侍中開府儀同三司吏部尚書司空公康王之第三子。先是庶姓猶王，封琅琊王。故貞康二世，并申上爵。

君稟靈和之純氣，含雄姿於岳瀆，神識超暢，玄鑒洞發。梗概之風，岐嶷而越倫；卓爾之秀，總角而逸群。臨艱亢節，建貞白之操，所謂金聲玉振之也。年十四，以道訓之胄，入侍禁墀。太和中，司牧初開，綱詮望首。以君地極海華，器識明斷，擢拜主簿，俄遷司空大將軍二府司馬。贊務台鉉，鼇格地里。

皇輿遷洛，肇建畿域，澄簡九流。帝弟咸陽王，以親賢之寄，光苣司牧，博選英彥。自非人地僉允，莫居綱任。以君少播休譽，令名茂實，除寧朔將軍司州別駕。翼佐徽猷，風光治軌。

君識遵墳典，庭訓雍緝，男降懿主，女徽貴賓，姻婭綢疊，戚聯紫掖。出撫兩邦，惠化流詠。再牧郢豫，江黔被澤。折勝籌略，經謨周遠，謀拔義陽，略定隨陸，席卷三關，開疆千里。勛績驟彰，再苣豫土，釁機竊發，禍起非慮。春秋卅有七，永平元年十月七日薨於豫州。

皇帝哀悼，朝野悲歎，死生有命，脩短定期。斯賢而遇斯禍，以其新拔，眾寡可知。遣中黃門緱榮顯弔祭，贈帛一千匹，營護喪事。越四年二月丁卯朔十八日甲申，卜窆于溫縣西鄉嶺山之陽。朝遣謁者，策贈平東將軍青州刺史，謚曰莊，禮也。乃刊幽石，式照芳烈。其辭曰：

赫赫洪宗，振暉四海。瓊根玉葉，世爲魏宰。君承華液，誕姿淑靈。玄鑒洞照，敏智早成。在家孝睦，忠蹇王庭。比玉之潤，方響金聲。如彼孤松，干雲乃青。如彼皎囧，襄霧獨明。肅警龍驂，兩宮荷榮。東閣西臺，出處有馨。分竹二邦，化流民詠。作牧郢豫，威振邊城。綏荒柔附，澤沾江氓。功立名章，宜享遐齡。如何遭命，迫然潛形。卜窆有期，兆宅嶺山。飛旌翩翩，將宅幽塵。扃關既掩，霜生壟間。式刊玄石，永祀標賢。

　　大魏永平四年歲在辛卯二月丁卯朔十五日辛巳建。[1]

延伸閱讀：

戴高祥（Timothy M. Davis）：《墓中的石刻與中古紀念文化：早期墓志銘的發展史》（*Entombed Epigraphy and Commemorative Culture in Early Medieval China: A History of Early Muzhiming*），博睿學術出版社，2015年，第288—305頁。

葛德威（David A. Graff）：《中國中古軍事史，300—900》（*Medieval Chinese Warfare, 300—900*），勞特利奇出版社（Routledge），2002年。

何肯（Charles W. Holcombe）：《中國歷史上的鮮卑》（The Xianbei in Chinese History），《中國中古研究》（*Early Medieval China*）第14輯（2013），第1—38頁。

陸威儀（Mark Edward Lewis）：《帝國之間的中國：南北朝歷史》（*China Between Empires: The Northern and Southern Dynasties*），哈佛大學出版社，2009年。

（戴高祥［Timothy M. Davis］）

---

[1]　趙超《漢魏南北朝墓志彙編》，天津古籍出版社，1992年，第57—59頁。

第三章

兩度守寡的鮮卑王女

元純陀（475—529）

元純陀兩度守寡後出家爲尼，并決定不與亡夫合
葬，顯示了中古女性在思想上和制度上的另類選
擇，她的人生爲族群、階級與性別歷史分析提供
了有益的切入點。

導讀：

　　北魏由游牧民族拓跋鮮卑所建，自黃河北部南漸
擴張，在四世紀末形成强大勢力。439年統一北方，建
立北魏後，拓跋氏逐步采行有效治理中原農業人口的政
策。文明太后（441—490）攝政時期，頒行俸禄制、均
田制和三長制。孝文帝（467—499）親政後繼續推動漢
化：遷都洛陽，禁胡服胡語，促胡漢通婚，改用漢姓，
并易拓跋爲元以爲表率。除朝廷尊孔之外，皇室成員亦
多崇信佛教者。佛教自東漢抵華，在中古時期蓬勃發
展，北魏末年時都城中佛寺林立，乃至後人撰《洛陽伽

藍記》緬懷盛況。佛教對女性別具吸引力，北魏兩位女主，攝政的文明太后和靈太后（491—528）都曾支持佛教。女性削髮爲尼，是嫁爲人妻之外的另一種出路，寡婦出家亦得尊重，甚或受親友鼓勵。

本篇志主元純陀正是生活在此一政治變遷而文化多元的時代，她的墓志在二十世紀初出土，拓片圖像和釋文數十年後纔出版，而相關研究則遲至二十世紀九十年代始見。上世紀末，學者努力搜尋古代婦女史的資料時，這位六世紀比丘尼獨特的背景和多舛的人生終於引起注意。

元純陀出身北魏皇室，祖父拓跋晃曾爲太子但未嘗即位，追謚景穆，廟號恭宗，父親任城王拓跋雲，墓志僅描繪其慈愛形象，實爲孝文帝登基的推手。純陀及笄，先嫁拓跋氏長期政軍伙伴穆氏，喪夫後再嫁漢人將領爲繼室。此時寡婦再嫁并不罕見，且常作爲貴族聯姻鞏固政軍社經力量的手段。純陀的初次婚姻爲時雖短，卻生有一女，其子日後成爲她晚年依托。墓志中稱此外孫西河王，亦姓元，可知鮮卑貴族間互通婚姻依舊頻繁。純陀兄元澄（467—519），墓志稱文宣王，是漢化政策的核心人物，卻主導她再嫁邢巒（464—514）。邢巒亡妻嘗留一子，純陀養育他“恩鞠備加”“隆於己出”。儘管墓志稱她“詩書禮辟，經目悉覽”，但邢巒逝後她即出家，可見女性在儒家之外的其他選項。北魏朝廷尚未如唐代般要求僧尼注籍特定寺廟，并限定居住其

魏故車騎大將軍平舒文
夫人諱純陁法守智首
岫權質琁林妥泡端華風
愛見異衆女長居懷把之
習而知泣血茹憂無捨書
逝半禮云傾慨絶三従將
羲奪情礪爲不許文定公
古勳烈當時婉然作配来
姑盡礼凫匪慚於一人憂

元純陀墓志

中，墓志顯示，純陀曾往外孫別館生活，唯不知當時女兒是否仍然健在。另一難確定的是墓志作者，因全篇并無題名。但從志題稱邢公繼夫人，而志文着墨再婚生活，推測應爲邢家主導撰寫。然而純陀的行動較諸文字更能彰顯其認同歸屬，她既未在邢家終老，也不願與邢鸞合葬，和儒家禮法或當時習俗皆有落差。

元純陀享年五十五歲，和此時期女性平均餘命相當，去世一月後，於529年冬下葬。儘管她"一生契闊，再離辛苦"，墓志作者仍代表親友在銘文最末表達祝福："蕙卧蘭畹，無絶芬芳。"確實，一千五百年後，元純陀的名字依然流傳，她的鮮卑族源、皇室背景，和兩度守寡的人生，爲今日學者提供了從族群、階級與性別角度探幽訪微的契機。

志文：

魏故車騎大將軍平舒文定邢公
繼夫人大覺寺比丘元尼墓志銘并序

夫人諱純陀，法字智首，恭宗景穆皇帝之孫，任城康王之第五女也。蟠根玉岫，擢質瓊林，姿色端華，風神柔婉。岐嶷發自齠年，窈窕傳於丱日。康王偏加深愛，見異衆女，長居懷抱之中，不離股掌之上。始及七歲，康王薨徂，天情孝性，不習而知，泣血茹憂，無捨晝夜。初笄之年，言歸穆氏，勤事女功，備宣婦德。良人既逝，半體云傾，慨絕三從，將循一醮，思姜水之節，起黃鵠之歌。兄太傅文宣王，違義奪情，確焉不許。文定公高門盛德，才兼將相，運屬文皇，契同魚水，名冠遂古，勛烈當時。婉然作配，來嬪君子，好如琴瑟，和若塤箎，不言容宿，自同賓敬。奉姑盡禮，剋匪懈於一人；處妣唯雍，能燮諧於眾列。子散騎常侍遜，爰以咳褓，聖善遽捐，恩鞠備加，慈訓兼厚，大義深仁，隆於己出。故以教倖在織，言若斷機，用令此子，成名剋構。兼機情獨悟，巧思絕倫，詩書禮辟，經目悉覽，紘綖組紝，入手能工。稀言慎語，白珪無玷，敬信然諾，黃金非重。巾帨公宮，不登袨異之服；箕帚貴室，必御浣濯之衣。信可以女宗一時，母儀千載，豈直聞言識行，觀色知情。及車騎謝世，思成夫德，夜不洄涕，朝哭銜悲。乃嘆曰："吾一生契闊，再離辛苦，既慚靡他之操，又愧不轉之心。爽德事人，不興他族。樂從苦生，果由因起。"便捨身俗累，托體法門，棄置愛津，棲遲正水。博搜經藏，廣通戒律，珍寶六度，草芥千金。十善之報方臻，雙林之影遄滅。西河王魏慶，穆氏之出，即夫人外孫，宗室才英，聲芳藉甚，作守近畿，帝城蒙潤。夫人往彼，遘疾彌留，以冬十月己西朔十三日辛酉，薨於滎陽郡解別館。子孫號慕，緇素興嗟。臨終醒寤，分明遺托，令別葬他所，以遂脩道之心。兒女式遵，不敢違旨。粵以十一月戊寅朔七日甲申，卜窆於洛陽城西北一十五里芒山西南，別名馬鞍小山之朝陽。金玉一毀，灰塵行及。謹勒石於泉廬，庶芳菲之相襲。其辭曰：

金行不競，水運唯昌，於鑠二祖，龍飛鳳翔。繼文下武，疊聖重光，英明踵德，周封漢蒼。篤生柔順，剋誕温良，行齊樆木，貴等河魴。蓮開淥渚，日照層梁，谷蕈葛虆，灌集鸝黃。言歸備禮，環珮鏗鏘，明同折軸，智若埋羊。惇和九族，雍睦分房，時順有極，榮落無常。昔爲國小，今稱未亡，傾天已及，如何弗傷。離茲塵境，適彼玄場，幽監寂寂，天道芒芒。生浮命促，晝短宵長，一歸細柳，不反扶桑。霜凝青櫃，風悲白楊，蕙卧蘭畹，無絶芬芳。

維永安二年歲次己酉十一月戊寅朔七日甲申造。[1]

延伸閱讀：

李貞德（Jen-der Lee）：《六朝女性生活》（The Life of Women in the Six Dynasties），《婦女與兩性學刊》（*Journal of Women and Gender Studies*）第4輯（1993），第47—80頁。

李貞德（Jen-der Lee）：《公主之死：中世早期家庭倫理的法制化》（The Death of a Princess-Codifying Classical Family Ethics in Early Medieval China），收於牟正蘊（Sherry J. Mou）編，《存在與呈現：中國士大夫傳統中的婦女》

---

[1] 顏娟英主編《北朝佛教石刻拓片百品》，臺灣"中研院"歷史語言研究所，2008年，第69—70頁。

（*Presence and Presentation: Women in the Chinese Literati Tradition*），聖馬丁出版社，1999年，第1—37頁。

李貞德（Jen-der Lee）:《一位三世紀乳母徐義的墓志銘》（The Epitaph of a Third-Century Wet Nurse, Xu Yi），收於田菱（Wendy Swartz）、康儒博（Robert F. Campany）、陸揚（Yang Lu）、朱雋琪（Jessey Choo）編，《中古早期史料集》（*Early Medieval China: A Sourcebook*），哥倫比亞大學出版社，2014年，第458—467頁。

李貞德（Jen-der Lee）:《女性、家庭及性別化的社會》（Women, Families and Gendered Society），收於丁愛博（Albert E. Dien）、南愷時（Keith N. Knapp）編，《劍橋中國史》第二冊《六朝》（*Cambridge History of China, Vol. 2: The Six Dynasties*），劍橋大學出版社，2019年，第443—459頁。

（李貞德）

第四章

自撰墓志銘

王　績（約590—644）
王玄宗（633—686）

這兩份自撰墓志銘的意義在於，它們衝擊了人們
以爲自傳更爲真實可靠的想法，同時還反映了隋
末唐初古文運動的萌芽以及道教觀念實踐在隋唐
貴族生活中的普遍性。

導讀：

　　唐代自撰墓志銘現存兩個比較早的例子是王績（約
590—644）的《自作墓志文并序》和王玄宗（633—686）
的《大唐中岳隱居太和先生琅耶王徵君臨終口授銘并
序》。隋末唐初這大約一百年間，政治、社會和文化方面
有非常多的改變。在這段時期，隋唐統一了中國，首都
定在長安、洛陽；科舉制度成立；道家和佛家的影響廣
泛深入民間；復古和古文運動開始萌芽。後兩者的影響
在這兩篇墓志銘的内容和風格上展現得尤其明顯。

　　這兩篇墓志銘反映出，在這段時期，道教的理念和

實踐是如何深入到社會精英的知性生活以及宗教生活中的。此外，王績在他的墓志銘中使用的較爲口語化的詞彙和句法，充分體現了後來古文運動派所提倡的精髓，他的墓志與王玄宗的墓志有着強烈的反差。因後者采用了唐初早期寫作中所偏愛的華麗風格，而且遵行結構，并使用衆多典故。

自傳文在傳統的中國文壇上相對少見，自傳墓志銘更是特別罕見，目前爲止唐朝一代只發現不到二十篇。雖然數量不多，這些自傳墓志銘是瞭解唐朝很重要的史料來源，它們不僅包含了在他處找不到的重要歷史背景，同時也幫助現今讀者領會唐代文人是如何塑造他們死後形象的，有助於我們詰問自傳文的可靠性和真實性。雖然我們在閱讀這些作品時，很容易相信作者是真實地描寫了他們的想法與經歷，但實際上，他們的寫作還是會受到他人的修訂或篡改，就像其他墓志銘一樣。這一點在王玄宗的自傳文裏特別明顯，玄宗的弟弟紹宗在玄宗的口述文前添加了一段很長的序文，旨在提高他們家族以及家人的名聲。

王績出生於一個"六世冠冕"之家。他天性好學，而且不限於專攻傳統儒學。他在《晚年敘志示翟處士》中寫到，他年輕時"無事不兼修"，包括"占星""學劍"等。儘管他才智過人、博學多識，并且擁有良好的家庭背景，但他的仕途却毫無可取之處。公元610年（或614）他舉孝悌廉潔科，却只是短暫任職於秘書正字，後請調爲六和縣丞。不久他就辭官回家，推稱有病。唐武德中，王績被徵爲門下省待詔，但多年未得到正式職位，貞觀初乃"以疾罷歸"。貞觀中，因爲有個太樂府史焦革"家善醞酒"，王績於是"苦求爲太樂丞"，不幸的是，在他上任不久焦革就去世了。數月後，王績第三次辭官歸隱。

在他的自作墓志中，王績把他自己描述成一個有原則的君子，身處在塵世却與塵世保持一段距離。王績利用了幾個不同的方式來塑造這個形象。首先，他沒有提到他的世家、門第、社交關係和仕途。第二，他利用許多"否定"的詞彙來自我定義，强調他所沒有的（無朋友、無功、無聞）、所不在乎的（無所之、無所據）和所不屑的（不對、不讀書、不知榮辱、不計利害）。第三，他在自作墓志文中引用很多道家的典故，尤其是莊子的事迹。譬如，他給自己取字爲"無功"，這是來自《莊子·逍遥游》篇中的"神人無功"句。他鄙視無謂的言論，於是"箕踞"不回答；他强調"無所之""無所據"的無意心境。此外，他還在他的銘中引用了《莊子·大宗師》篇的句子："以生爲附贅懸疣，以死爲决疣潰癰。"王績在他的自傳墓志文中暗示，他自己是一個"游方之外"者，因而不羈於傳統的社會準則。

在王績的文章中，"酒"是一個常出現的題材，他用醉酒來隱喻對"道"的深刻理解。對王績來説，酒醉和開悟相似，兩者都能讓人體察、認知真假之間的差異。他形容自己"以酒游於鄉里"，更加强調他無拘無束的行徑和對道家精神的推崇。

王績的墓志全文都是由他自己親手寫的，與之不同的是，王玄宗的"口授銘"只有部分是玄宗自己寫的。序文中前半部分是由他的弟弟王紹宗寫的，其内容詳盡地描述玄宗生前的境遇，然後再銜接上玄宗的自傳口授文部分。這一部分在記事上和修辭上有幾個重要的作用。首先，紹宗的敘述不僅僅爲玄宗的口述添加了戲劇性效果，而且還爲它提供真實性和可靠性。第二，紹宗提到，他遵循了玄宗口授中的後事處理要求。在口授中，玄宗明確聲稱："終後可歸我於中頂舊居之石室。"在紹宗的文章裏，他詳盡地描述了玄宗"觸處而安"的人品，所以家人"不須擇日，單車時服，不俟營爲"，簡單地"但托體山阿而已"。紹宗和玄宗的序文公開顯示了，所有後事的安排都是順應玄宗自己的希冀。

最後，紹宗寫的序文裏還添加了玄宗口授文中所缺失的細節，使其内容更加符合墓志銘的文體慣例。其所提到的細節包括玄宗死亡的日期和地點、玄宗所撰寫的真誥注解和玄圖秘録，以及他和名道士的交游事迹，其中最出名的無疑是高宗和武則天曾多次前往拜訪的"昇真潘先生"（潘師正，585—684）。

志文：

自作墓志文并序

王績者，有父母，無朋友，自爲之字曰無功焉。人或問之，箕踞不對。蓋以有道於己，無功於時也。不讀書，自達理。不知榮辱，不計利害。

起家以祿位，歷數職而進一階，才高位下，免責而已。天子不知，公卿不識。四十五十，而無聞焉。

於是退歸，以酒德游於鄉里。往往賣卜，時時著書。行若無所之，坐若無所據。鄉人未有達其意也。嘗耕東皋，號"東皋子"。身死之日，自為銘焉。曰：

有唐逸人，太原王績。若頑若愚，似矯似激。院止三徑，堂唯四壁。不知節制，焉有親戚？以生為附贅懸疣，以死為決疣潰癰。無思無慮，何去何從？塋頭刻石，馬鬣裁封。哀哀孝子，空對長松。[1]

大唐中岳隱居太和先生琅耶王徵君臨終口授銘并序

季弟正議大夫行秘書少監東宮侍讀
兼侍書紹宗甄録并書

伊垂拱二歲孟夏四日，悅召寅卯之際，吾六兄同人見疾大漸惟幾，將遷冥于未始，委化於伊洛之間，僑居惠和里之官舍。自古有死，於乎哀哉！

他日先誥其第七弟紹宗曰：吾宅住玄鄉，保和仁里，寄迹群有，游心太無，乘陽以生，遇陰而滅，物之

[1]　周紹良編《全唐文新編》，吉林文史出版社，1999年，卷132，第1478頁。

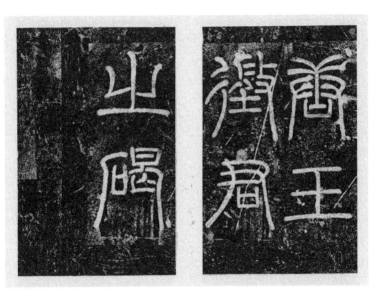

王玄宗墓志（篆額）

王玄宗墓志

恒也，汝固知之。吾化後，汝可依道家無爲之事，諸子姪行儒教喪紀之迹。吾聞精神者，天之有也；形骸者，地之有也。觸處而安，不須擇日；單車時服，不俟營爲。紹宗敬奉緒言，不敢失墜。

此時沛國桓先生道彥亦在吾兄之側，因獻欷而報曰：此真率之理，道流所尚，有情有信，安敢違之。

其後昇真潘先生門徒，同族名大通，越中岳而來，自遠問疾，知吾兄真命已畢，又申勸曰：儻或不諱，願歸神中頂石室之中。曩者昇真臨終，亦令宅彼，況與先師平生居止，宿昔神交，冥期不沫，宜還洞府。再三敦請，則又從之。乃曰：此吾迹也，重遺爾意。若然，不須別鑿堂宇，恐傷土石，但托體山阿而已。吾嘗幽贊真誥，肇創玄圖秘録，別詳内本，人境不傳。如或不忘款志，儻存其兆，可取一塊青石，其上有自然平者，刊刻爲字，俾諸來裔知吾之用心也。其銘文皆力疾綿微，勉情牽課，含精寓爽，藉響乘光，仿佛曖昧，不獲已而口授之。外姻密友，憑其考行，強號曰太和先生，庶追道迹，光衆妙也。其銘曰：

於戲！昔有唐氏作，吾中遇而生，姓王名玄宗，字承真，本琅邪臨沂人，晉丞相文獻公十代孫。陳亡過江，先居馮翊，中徙江都，其肇錫考系，則國史家諜具矣。降年五十有五，直垂拱二年四月四日，順大衍之數，奄忽而終。終後可歸我于中頂舊居之石室，斯亦墓而不墳，神無不在耳。且伊洛之閒，逎昔者周南之域，吾祖上賓之地，吾身得姓之鄉。反葬中嶽，幾不忘本也。舉手長謝，亦復何言。示人有終，乃爲銘曰：

馮馮太清，悠悠太寧。混沌無我，其中有精。忽然爲人，時哉及形。理通寂感，陰聚陽并。知常得性，絕待忘情。道無不在，神無不經。幽傳秘訣，默往仙京。萬物共盡，吾何以停？歸于真宅，此室冥冥。不封不樹，無狀無名。托體嵩石，言追洛笙。玄來十洞，驅馳八靈。風雲聚散，山水虛盈。谷神不死，我本長生。[1]

延伸閱讀：

巴雷特（Timothy H. Barrett）：《唐代的道教：中國历史鼎盛時期的宗教與帝國》（*Taoism under the Tang: Religion and Empire during the Golden Age of Chinese History*），威爾斯威普出版社（Wellsweep），1996年。

賀碧來（Isabelle Robinet）：《上清》（Shangqing［Highest Clarity］），收於玄英（Fabrizio Pregadio）編，《道教百科全書》第2輯（*The Encyclopedia of Taoism*，vol. 2），勞特利奇出版社（Routledge），2008年，第858—866頁。

丁香（Warner, Ding Xiang）：《鸞鳳群飛，忽逢野鹿：王績詩詞研究》（*A Wild Deer and Soaring Phoenixes: The Opposition Poetics of Wang Ji*），夏威夷大學出版社，2003年。

馬修（Matthew V. Wells）：《中國歷史上想象/誤解自我：早期傳記寫作中的記憶與真相》（［Mis］conceiving the

---

[1] 周紹良、趙超編《唐代墓志彙編》，上海古籍出版社，1992年，第744頁。

Self in Early China: Memory and Truth in Early Chinese Autobiographical Writing），收 於 柯 學 斌（Anthony E. Clark），《打鬼焚書：對中國、日本、西方的態度》（*Beating Devils and Burning Their Books: Views of China, Japan, and the West*），亞洲研究學會，2010年，第133—154頁。

馬修（Matthew V. Wells）：《死而不腐：中國早期的自傳與對不朽的追求》（*To Die and Not Decay: Autobiography and the Pursuit of Immortality in Early China*），亞洲研究學會，2009年。

（迪磊 [Alexei K. Ditter]）

第五章

妻子追懷丈夫

曹　因（約七世紀）
何　簡（686—742）

本章介紹現存最早的由女性撰寫的墓志，它們爲現
代讀者傳遞了唐代女性的聲音，并使我們得以窺測
唐代女性的婚姻觀、社會性別角色觀、社會等級觀
念，以及她們對生死的思考。

導讀：

　　在傳統中國社會中，許多上層家庭培養女孩讀書寫
字，也有不少女性成爲出色的作家和詩人。從現存資料
來看，唐代上層社會女性似乎有很高的教育程度。唐代
男性撰寫的文章經常提到，在孩童時期，他們的母親是
如何親執詩書，誨而不倦，爲他們日後的科考和仕途成
功奠定基礎的。唐代女性墓志也經常提到志主幼年時期
諳熟女訓、聰慧好學。唐代女性是如何發揮自己的文字
才能的？對她們來說，在修女德、教子女之外，識字習
文有没有其他的功用？她們對傳統文學和哲學的理解程

度如何？所幸的是，至今爲止，至少有四份唐代女性撰寫的墓志保存了下來，這至少證明，唐代女性也參與了這一日趨盛行的文體的寫作。更重要的是，這些墓志還爲我們提供了有關唐代女性的家庭觀和性別觀等方面的第一手資料。

在這一章中，我們考量兩份妻子爲丈夫撰寫的墓志。《曹因墓志》很可能是現存最早的女性撰寫的墓志，它最初收在宋代學者洪邁（1123—1202）的文集——《容齋隨筆》中。洪邁提到，此志於1197年由當時的上饒尉發掘出土，不過，他沒有提及錄文者是誰。洪邁很可能對志文作過刪減，因爲這篇墓志沒有提到死者的生卒年代以及喪葬安排，而這兩項是唐代墓志中最基本的內容。從曹因的祖父和父親都在唐高祖朝（618—626）擔任官職來看，他很可能是在太宗年間（626—649）去世的。《何簡墓志》成文於742年，撰者是何簡之妻辛氏。此志行文簡短，但其風格與結構與唐代墓志基本一致。

《曹因墓志》和《何簡墓志》反映了唐代家族史中的兩個相反的事例。曹因出生世家，但三次科考均未登第，因而以一介平民終其身。相比之下，何簡卻是家族中第一個以科舉進仕的。雖然這兩篇墓志所體現的只是個例，但它們至少間接地反映了唐代的社會階層流動性。

有意思的是，這兩篇墓志還傳遞了兩種不同的人生態度。曹因一生屢遭挫折，英年早逝。但是他的妻子周氏却并不爲這些常人視爲命運不濟之事所干擾，她坦言道："肖形天地間，範圍陰陽内，死生聚散，特世態耳。何憂喜之有哉!"周氏的態度顯然與"莊周喪妻，鼓盆而歌"一脉相承。在莊子看來，生與死即如四季之變化，都是自然世界的一部分。與之相反，《何簡墓志》的作者辛氏却因丈夫去世而悲痛欲絶，并立以柏舟之誓。而且，辛氏在墓志中將丈夫描寫爲一個真正的君子，其一生所作所爲無不體現了儒家的美德倫理。辛氏的文字優美動人，并在多處以儒家典故來凸現何簡的品行。比如，她以《論語》中的"克己復禮"以及孔子子弟子羔和顏回（"回也不改其樂"）的典故來贊美丈夫的正直、孝順和坦蕩。她還引用了《禮記》中孟敬子的典故來形容何簡對禮制的諳熟和尊重。"柏舟之誓"的典故出於《詩·邶風·柏舟》，漢代以來多以此爲女性堅貞不二的表白。此外，這篇墓志的"銘"部分也大量引用了《論語》中的詞彙和典故。

這兩方墓志在文風和世界觀上的差異，很可能是兩位作者社會地位和地域上差異的結果。周氏很可能來自上饒地區的平民家庭，而辛氏與丈夫何簡則住在都城長安。周氏嫁給曹因之際，曹家似乎已經處在上層社會之外，因此，道家修真養性和回歸自然的理念可以使她對生活的一切泰然處之。而辛氏則嫁給一個新近加入統治階層的進士，她對儒家價值觀的熱忱渲染也是在情理之中的。然而，周氏和辛氏也有一個共同之處，那就是她們對哲學傳統的諳熟以及將之融會貫通在生活之中的能力。

曹因和何簡的墓志還反映了唐代對婚姻和諧的追求。事實上，琴瑟之美是唐代墓志中常見的主題之一，在爲妻子撰寫的墓志中，我們可以讀到不少丈夫的溫情回憶以及他們立誓不再娶之類的文字。唐代墓志還反映出，夫婦合葬的現象非常普遍，約有45%的已婚者墓志記錄了死者是與配偶合葬的。可以想象，在餘下的55%的墓志中，一定有不少其配偶尚未過世或配偶與前妻前夫合葬的。因此，我們可以推斷，唐代夫婦合葬的比例是很高的。此外，雖然大部分合葬墓中夫婦各有墓志，但也有不少家庭選擇合志，現存的唐代夫婦合志就有二百多份。

女性所撰墓志存留甚少，這兩份墓志傳遞了非常珍貴的女性聲音。

志文：

曹　因　墓　志

君姓曹名因，字鄙夫，世爲番陽人，祖、父皆仕於唐高祖之朝。惟公三舉不第，居家以禮義自守。及卒於

何簡墓志

長安之道，朝廷公卿，鄉鄰耆舊，無不太息。惟予獨不然，謂其母曰：家有南畝，足以養其親；室有遺文，足以訓其子。肖形天地間，範圍陰陽內，死生聚散，特世態耳。何憂喜之有哉！

予姓周氏，公之妻室也，歸公八載，恩義有奪，故贈之銘曰：

其生也天，其死也天，苟達此理，哀復何言！[1]

大唐故左威衛倉曹參軍廬江郡何府君墓誌銘并序

妻隴西辛氏撰

君諱簡，字弘操，廬江人也。曾祖員，祖豪，考珪，不仕，皆好幽静，避世隱居。至君博學道高，温恭志肅，以進士及第，解褐揚州高郵主簿。在任潔白能仁，清勤動衆，再授左威衛倉曹參軍。丁內憂去職。於制悲裂，情異衆人。惻怛之心不忘，傷腎之意無改。泣常流血，以類羔柴。居服有儀，同乎敬子。遂成寢疾，已入膏肓。針乃無瘳，藥攻不及。以天寶元年六月十九日卒於河南縣郭化坊之里第，春秋五十有七。

君金玉不寶，忠信代之。積聚不祈，多聞為富。長

---

[1] 周紹良、趙超編《唐代墓誌彙編》，上海古籍出版社，1992年，第124頁。

聞陋巷人不堪憂，君也處之不改其樂。

以其年七月卅日權殯於城北，禮也。身欲隨没，幼小不可再孤，一哭之哀，君其知否？是以柏舟已誓，匪石不移，刊石爲銘，以存終古。辭曰：

憶昔府君，復禮爲仁。學以脩德，文以立身。篤信於友，克孝於親。天道何怨，殲此良人。佳城鬱鬱，隴樹依依。千秋萬歲，長處於茲。[1]

延伸閱讀：

珍妮·拉森（Jeanne Larsen）譯：《柳酒鏡月：唐代女性詩作》（*Willow, Wine, Mirror, Moon: Women's Poems from Tang China*），BOA Editions 出版社，2005年。

姚平（Yao Ping）：《唐代女性墓志綜覽》（Women's Epitaphs in Tang China［618—907］），收於季家珍（Joan Judge）、胡纓（Ying Hu）編，《重讀中國女性生命故事》（*Beyond Exemplar Tales: Women's Biography in Chinese History*），加利福尼亞州大學出版社，2011年，第139—157頁。

（姚　平）

---

[1]　周紹良、趙超編《唐代墓志彙編》，上海古籍出版社，1992年，第1540頁。

第六章

出嫁亡女，早殤之孫

獨孤氏（785—815）
權順孫（803—815）

這些具體、私密且動人的傳記，體現了唐代婦女
和幼年男性的理想德行典範，并描繪出一個由出
身與世系構成其社會關係與政治地位的世界。

導讀：

如今存世的八九世紀士人文集，給了我們觀察其
生活的多維視角，這方面在更早的文獻中未曾有詳細記
錄。身兼官員及文人的權德輿（759—818）現存有一部
龐大的文集，其中充滿了他寫給貴人和同事的書信，與
若干士大夫同僚的社交唱和詩，以及爲數衆多的喪葬之
文，反映了權氏數十年來所維係的龐大家族與師友社
會網絡。在他那個年代，墓志銘越來越成爲一種顯要而
富有聲望的文學創作體裁，其書寫對象的範圍更廣，也
經常被收進撰寫者的文集中。這些喪葬文本包括埋入墓
穴的墓志銘，立於墓地的神道碑，以及入葬前向亡者表

示哀悼和禱祝的祭文。權德輿爲不同的人都寫有這類文章，上至唐代朝廷的達官顯貴，下到自己年幼的孫輩。

唐代墓志銘的讀者也很寬泛，相關寫作在整個唐代越來越流行。儘管我們應把逝者的亡魂視作喪葬之文最重要的第一"受衆"，但我們知道，這些墓志銘也被傳抄在紙上，從而以寫本形式在其社會網絡中被廣泛傳閱，事後也可能被收録進作者的集子中。因此，儘管中古時期的墓志銘在刻石後被埋入墓穴，但文本本身却能在士人共同體中流傳久遠。比如，唐代書信的記載顯示，朋友之間經常互相傳抄他們共同好友的墓志銘，以此分享對這位亡友的共同認識和喜愛。通常情況下，不同的作者會被邀請爲逝者寫作不同規格的墓志銘或祭文，由此給了不同的人講述其生平的機會。而由於多種多樣的原因，如果出現臨時入葬或改葬的情況，族人往往會委托一篇新的墓志銘，從而又給亡者的故事增添了全新的維度。在這些情形下，不同的墓志銘作者都會試着提及亡者生前身後的諸多人事，從直系親屬，到姻親關係，再到共事同僚。墓志銘的撰者還很留意其文本的後世讀者。而這裏權德輿爲他女兒和孫子所寫的墓志銘，既表達了他的悲痛，也展現了他高超的文學技巧，并藉此來紀念二人短暫生命所帶給世間的影響。

身爲一名唐代士大夫，權德輿躋身社會上流與政治高位的過程異常成功。他出生在一個世系淵源深厚、受人尊敬的官僚世族，他在唐代首都長安的官僚體系中迅速顯達，曾在尚書省的五個部門身任高官、監督科舉考試，而年過五十的他也最終謀得了宰執這一最高職位。權德輿的婚姻也很理想，他的伯樂是受人愛戴的宰執崔造，而通過迎娶崔造之女，天水權氏由此與博陵崔氏結爲姻親。這裏的兩篇墓志就顯示出，他十分期望自己的兒輩和孫輩能以得體的性別規範被妥善撫養成人，從而與另一些達官貴人建立人際關係網絡，以維持權氏家族在京城社會中的顯赫地位。上述這些設想有利於我們理解他爲其女兒和孫子所寫墓志銘的社會與政治意涵。

權德輿是中唐時期（約780—827）少數幾個文集中收錄女性與幼子墓志銘的文人——這證明了這些墓志銘的個人、社會甚至文學價值在唐代文化中日益突出。權德輿出嫁的女兒和他的孫子（由其長子所生）都在815年的冬天早逝或早夭，前後僅相差一個月。他爲二人所寫的墓志銘并未遵循文體程式或慣例，而是爲這兩位他所熟知的親人寫下了具體、私密而動人的敘述。這兩篇墓志銘同時也展現了唐代對婦女及幼年男性的理想德行典範。在他爲女兒獨孤氏（文中并未提及她的本名）所寫的墓志銘中，權德輿把她塑造成禮貌、謙遜、完美體現權氏家族美德的女性形象，以儒家標準的勤勞與恭敬侍奉她的丈夫、雙親，并撫養子女。而在給孫子（他的名字叫順孫，或取"孫輩孝順"之意）所寫的墓志銘中，權德輿把他描繪成一個好學、孝順而大有前途的男孩，而他又有異於同齡孩子的成熟與沉穩，這體現在他生病并最終面對死亡時的表現。同樣有趣的還有權德興在面對兩位親人的死亡時表達自己悲傷的方式。他在女兒去世之際顯得非常震驚、悲慟、一蹶不振，仿佛不願承認她早逝的事實。然而，當他爲孫子題寫墓志銘時，權德興似乎從小男孩的自身信仰中得到了些許安慰，并相信幼孫會往生西方極樂净土，故而他在面對孫兒早夭時顯得鎮定了許多。

除了贊揚兩位傳主的品德與勤勉，墓志銘并沒有提供二人過多的生活細節——就他女兒而言，過多地揭露其個人生活對權德興來説是不得體的，因爲這些瑣事本發生在家居私密場合——但文中的確展現了一個出身與世系形塑社會關係與政治地位的世界，這在唐代墓志銘中是個很常見的視角。在這兩篇墓志中，權德興都十分細緻地贊揚了他自己傑出的父親權皋（724—766），他在安史之亂（755—763）中成爲心繫大唐的英雄，并致力於鞏固天水權氏的煊赫聲名。

在給亡女寫的墓志銘中，權德興還描述了她與獨孤郁所結成的煊赫的政治聯姻，獨孤郁是八世紀晚期備受尊敬的士人獨孤及（725—777）的兒子，而他對權德興也有知遇之恩。事實上，獨孤氏墓志銘一個突出的特點正在於權德興爲兩大家族間姻親關係的中斷而痛惜——繼獨孤郁去世之後，女兒也跟着故去，這就切斷了這煊赫一時而期待已久的聯姻。我們同樣能在這篇亡女墓志銘中看到，權德興的官位與聲望也使其家族女性成員得以被召喚入宮，這發生在他被任命爲宰執之時，而宰執正是他所身任的最高職位。這篇墓志銘生動地捕捉到了唐代精英的出身、策略性婚姻，以及政治上位等因素的交互影響。

在上述亡女墓志銘中，權德輿將女兒獨孤氏的生活置於九世紀早期長安的社會與政治脉絡之中，而當他爲既未步入仕途、也未曾娶親的孫兒撰寫墓志銘時，則更關注這個孩子本身的潛能，以及他在生病和臨終之時所表現出的非凡品行。權德輿對順孫病逝的描述解釋了中古中國佛教信仰在現實中的實踐：這個男孩在得病後按佛門法度更改了自己的小字，而在病亟之時，他能够不帶愁容地同家人永訣，面嚮西方合掌祈願往生極樂净土。在給女兒寫的墓志銘中，權德輿在愛女早逝的事實中挣扎，與之相反，佛教轉世之説使亡者之靈得以永恒，從而讓權德輿在孫兒夭亡一事上獲得些許安慰，他深信孩子的靈魂將在極樂净土中永生。這兩篇墓志銘對死亡的强烈情感差異，并不必然意味着權德輿對一方的眷戀遠勝過另一方。相反，這提醒當下讀者，中古中國的文人作家有許多社會、宗教及個人視角，用來看待逝者的身後事，而他們也敏鋭地意識到紀念傳記存在多種多樣的潛在讀者。獨孤氏墓志銘必然會與獨孤家族一起分享，并在更寬泛的長安精英社群網絡中流傳；而由於權順孫在涉足這一社會網絡之前就過早夭折，他的墓志銘對於其直系親屬而言最有意義。

志文：

獨孤氏亡女墓志銘并序

權德輿

元和十年歲在乙未，冬十月二十一日戊午，故秘書少監贈絳州刺史獨孤郁妻天水權氏，寢疾終於京師光福里。嗚呼！吾之女也，故哭而識之。

惟吾門代有懿德，至先君太保貞孝公之大節大行，爲人倫師表。故鍾慶於爾，而又夭閼其成，此吾所以不知夫天之所賦也。

初笄有行，未嘗遠父母兄弟。考室同里，常如歸寧。始絳州以褐衣納采，其後爲侍臣史官，更掌中外詔誥，皆再命或三命。十數年間，便蕃清近，烜赫光大，天下公議，以宰政待之。

其於閨門之內，佐君子，供先祀，嘻嘻申申，有孝有仁。乃者吾忝大任，絳州居近侍，而能婉約勞謙，得六姻之和。長信宮受册命之歲，與母於內朝序位，環佩之聲相聞，黨族榮之。人情禮意，纖微矩度，言內則者以爲折中。

噫夫！絳州方强仕不淑，爾又未練而歾，年止三十一。天之報施，其何哉？始稱未亡人也，懼貽吾憂，每歛戚容，而爲柔色。然以沉哀攻中，竟不能支。

悲夫！

　　初，先舅憲公有重名於時，絳州生而孤，不得逮事。儻冥冥有知，將同穴而養於下耶？抑智氣在上，歸於冥寞耶？吾不知也。

　　生子二人，女子一人。長男，前一歲未成童而夭。次曰晦，生十年矣，至性過絕人，未期月再丁荼蓼，噭號罔極。晦世父右拾遺朗，茹終鮮之痛，撫之如不孤。貞於龜册，得明年二月六日壬寅祔葬於東都壽安縣之某原。宜琢墓石，以永於後。吾老矣，豈以文爲？懼他人不知吾女之茂實，故隱痛而銘曰：

　　暘光未晝，而湛晻兮。植物方華，以槁落兮。懿吾女之淑令兮，祔君子於冥寞。已乎已乎！吾不知夫神理之有無？[1]

殤孫進馬墓志

權德輿

　　權氏殤子名順孫，小字文昌，以被病用桑門法更其字曰君吒。贈太子太保貞孝公之曾孫，今刑部尚書扶風郡公德輿之孫，渭南縣尉璩之子。始仕爲僕寺進馬。

　　生十三年，以元和十年十一月二十二日，夭於光福

---

[1]（唐）權德輿撰，郭廣偉校點《權德輿詩文集》，上海古籍出版社，2008年，第一册，第389—390頁。

里。二十七日，斂手足形於萬年縣神和原。既闔棺，其大父泣而志之曰：

爾幼有敏智，孝順敬遜，承大父母、父母之教，無違旨；雖孝子順孫、成人者之養不若也，故吾以名之。讀《孝經》《論語》《尚書》，尤好筆札，不離硯席。凡舉措語言，循理諭義，出常童遠甚。方肄《小戴禮》，業未竟而感疾。

自春涉冬，綿四時浸劇。大病之際，上辭尊長，下訣幼弟妹，恬然不亂。且謂其傅婢曰："空中佛事，儼然在目。"促焚香，移吾枕西嚮，合掌而絕。始吾常疑神滅不滅之論，逮今信矣。噫嘻！以爾已仕，且有成人之志，吾欲勿殤，知禮者曰不可，而不敢逾也。惟大墓在洛師，得陪祔之吉於後歲，故於是權窆而號曰：

惟魂氣兮無所之，爾之神得所往兮，吾又惡用夫涕洟。[1]

延伸閱讀：

鄧百安（Anthony DeBlasi）：《求全：權德輿與唐代思想主流的演進》（Striving for Completeness: Quan Deyu and the Evolution of the Tang Intellectual Mainstream），《哈佛亞洲研究學刊》（Harvard Journal of Asiatic Studies）第61輯（2001），第5—36頁。

---

[1]（唐）權德輿撰，郭廣偉校點《權德輿詩文集》，上海古籍出版社，2008年，第一冊，第391—392頁。

田安（Anna Shields）：《寫給逝者與生者：中唐祭文的創新》（Words for the Dead and the Living: Innovations in the Mid-Tang "Prayer Text" [*jiwen*]），《唐研究》（*Tang Studies*），第25輯（2007），第111—145頁。

譚凱（Nicolas Tackett）：《中古中國門閥大族的消亡》（*The Destruction of the Medieval Chinese Aristocracy*），哈佛大學亞洲研究中心，2014年。

姚平（Yao Ping）：《唐代儒家、道教及佛教女子的墓志銘》（Tang Epitaphs for Confucian, Daoist, and Buddhist Women [*muzhiming*]），收於王蓉蓉（Robin R. Wang）編，《中國思想與文化中的女性形象》（*Images of Women in Chinese Thought and Culture*），哈克特出版公司（Hackett），2003年，第299—315頁。

（田安［Anna M. Shields］　文，夏麗麗　譯）

第七章

經歷會昌法難的女道士

支志堅（812—861）

這篇墓志是死者的弟弟撰寫的，它爲我們提供了一個非常難得的瞭解唐代上層社會家庭中的手足關係以及女性本家紐帶的機會。支鍊師童年奉佛，因會昌滅佛而改遵道教。她的身世揭示，唐代後期的社會動盪對女性的負面影響甚於其對男性的影響。

導讀：

　　佛教是在一世紀左右由絲綢之路從印度傳入中國的。魏晉南北朝年間，儒家文化一時失去號召力，佛教緣而被廣爲接受，動盪不安的社會使得中國人轉向道教和佛教來應對他們的焦慮和苦難。隋唐統一之後，佛教更爲盛行，文人學士也開始欣然接受這一對死亡和生命之無常有哲學性闡釋的宗教。隋唐統治者大力支持佛教，其中最爲突出的是武則天。武則天掌控唐皇朝逾三十年，先是與高宗共同執政，之後又以武周代唐。爲了强化她的合法性，武則天立佛教爲國教，佛寺佛廟之數由之驟增。從唐代女性墓志來看，佛教對唐代社會性別觀及女性生活經歷影響非淺。在唐代，女尼數在人口總數中不超過百分之一，但在唐代女性墓志中，女尼墓志占百分之五。然而，這一"比例失衡"却給我們瞭解唐代女尼生活提供了極有價值的信息。

在唐代，僧尼入道需得到朝廷許可以及祠部出具的度牒。至中唐，度牒已成爲熱門貨，有權有勢或願以高價納錢之家往往可以優先獲得度牒，許多希望終身奉佛但沒有經過正規度牒程序的女性往往會以"住家尼"的身份修行。《支鍊師墓志》講述的就是這樣一位在中年之際信仰受到重大衝擊的住家女尼的一生。

《支鍊師墓志》成文於862年，它在二十世紀二十年代與其他八方支氏家族的墓志一起在洛陽被盗墓者發掘出土。2004年，《支鍊師墓志》的撰者、支鍊師之兄支謨的墓志也出土了，因此，目前已發現的支氏家族的墓志一共有十份。

支鍊師生於812年，小名新娘子，法號志堅。她出身於世家，祖父和父親都是唐朝的高官，九個兄弟均享有俸禄。支新娘子幼年多病，九歲起"奉浮圖之教"。在唐代，父母因孩子生病而讓他們入教以期獲得佛的救助是一個常見的現象。十八歲那年，母親過世，支新娘子擔當起照料衆弟的責任。她一生一直與家人住在一起，父母去世後，她分別在幾個兄弟家中度過餘年。她很可能就是一位住家尼，這一身份可以讓未獲得度牒的女信徒在家照料家人。

845年，唐武宗發起了中國歷史上最具摧毀性的滅法運動，支新娘子的佛教徒生涯也因此而中止。武宗之制導致"天下所拆寺四千六百餘所，還俗僧尼二十六萬五百人"。那一年，新娘子37歲，對她來說，爲妻爲母的可能性已經非常渺小，因而她選擇了另一條出路——"易服玄門"。道教鍊師成了她的新身份。

支志堅的後半生——從由佛轉道（845）到因病過世（861）——折射了晚唐社會的動蕩和多難。支家的第一個大災難發生在853年，志堅的弟弟支向落難，志堅由此"不離瞬息"地照顧弟媳和侄女。八年後，弟弟支訥授職藤州、富州，邀志堅隨同前往。在此行中，志堅經歷了"蠻擾"和水土不服，終因染上癘氣而不治。支志堅終年50歲，這與當時的女性平均壽命相當，但卻遠低於同時期男性的平均壽命以及唐代早中期女性的平均壽命。她的一生印證了唐後期社會動蕩對女性的傷害性。

《支鍊師墓志》是已經發表的四十多份兄弟爲姐妹（其中半數是已婚女性）撰寫的墓志之一。這些手足親墓志往往有對死者的親密回憶，文字語氣溫馨感人，爲我們瞭解唐代貴族的同胞關係以及已婚女性與本家的關係提供了極有價值的史料。

《支鍊師墓志》也是一個會昌法難對女性生活之影響的具體例證。僧尼還俗的政策可能使女尼經歷了種種男僧未曾面對的艱難。可以想象，男僧被迫還俗後仍有

支鍊師墓志

可能成家立業。而對已過婚齡的女尼來說，她們的選擇餘地是很有限的。支志堅選擇改變自己的宗教身份，可能是爲了避免給家人帶來困窘。

《支鍊師墓志》的另一個有意義之處是，支氏家族是小月氏人。月氏本是居住在現今甘肅西部的游牧民族，公元前二世紀左右分爲兩支，大月氏西移至中亞，小月氏散布於關中、敦煌、吐魯番和樓蘭地區。在唐代，小月氏人已基本漢化，至宋代，他們的民族身份已經完全消失。《支鍊師墓志》以及其他九份支氏家族墓志顯示，到了九世紀，這個家族已經在唐代上層社會穩固立足。支志堅的舅公是憲宗和穆宗兩朝的大臣崔能（758—824），她的兄弟均有官職在身，她的嫂嫂多來自五姓七家，其中幾家早已南下定居。從支氏家族的墓志來看，他們的經歷和身份標示與同時期的漢人家族已無差異。

志文：

唐鴻臚卿致仕贈工部尚書琅耶支公長女鍊師墓志銘并序

季弟朝議郎權知司農寺丞兼度支延資庫給官謨纂

師姊第卅二，法號志堅，小字新娘子。曾祖諱平，皇江州潯陽丞；祖諱成，皇太子詹事贈殿中監；顯考諱□，皇鴻臚卿致仕贈工部尚書；先妣汝南譚氏，追封汝南縣太君；繼親清河崔氏，封魯國太夫人。長兄裕，早世；防，終澤州端氏令；愛弟向，終鄂州司士；詢、謙，少亡；訥、誨、謨、詳、讓、訢、諺，迭居官秩，咸在班朝。

永惟尊靈，天植懿德。不恃不怙，再罹憫凶。惟孝惟慈，性能均壹。稚齒抱幽憂之疾，九歲奉浮圖之教。潔行晨夕，不居伽藍。或骨肉間有痾恙災咎，南北支離，未嘗不繫月長齋，刻日持念，孝悌之至，通於神明。

年十八，鍾汝南太君艱疾，居喪之禮，至性過人，柴毀偷生，感動頑艷。江塞浮泛，溫凊無違。訓勉諸弟，唯恐不立。好古慕謝女之學，擇鄰遵孟母之規。雖指臂不施，而心力俱盡。

中塗佛難，易服玄門。自大中七載，因鄂州房傾落之際，托其主孤，猶女嫗婦，不離瞬息。

今天子之明年，訥兄蒙授藤州牧。傳聞土宜，不異淮浙。嘉蔬香稻，粗可充腸。願執卑弟奉養之勤，得申令姊慰心之道。假路東洛，扶侍南州。到官逾旬，旋屬蠻擾。方安藤水，忽改富陽。日夕有徵發饋漕之勞，食膳厭甘辛豐脆之美。因涵癘氣，奄然終天。端坐寄辭，沉守無撓。春秋五十，咸通二年九月十二日沒于富州之公舍。

嗚呼哀哉！冥理茫昧，積德者不壽，至仁者不華。謨詳忝官，未遂迎覿。寸心莫報，上清所臨。出富至伊，引旐歸祔。以三年十月八日葬于河南平樂鄉杜翟村陪大塋西北原，禮也。

時謨縻職國庫，乞假東歸。卜宅附棺，庶必情信。刀腸刻石，扐血濡毫。臨壙籲天，哀音永訣。文不足以達志，禮有防陵谷之變而已。其銘云：

昭昭彼蒼，隱見微遠。忽忽浮生，孰明舒卷？常聞輔德，何期罰善。金堅玉貞，鶴去松偃。難言者命，莫問者天。乳哺驚疾，身世纏綿。釋氏禀教，玄元養賢。口持經律，心游法田。我性不動，我形屬遷。纔及中歲，未爲得年。奄化桂嶠，安靈邙阡。嵩雲自東，洛波居前。壽堂斯鐍，幽魂歸仙。剟身斷手，摧裂銘焉。[1]

延伸閱讀：

賈晉華（Jia Jinhua）、康笑菲（Kang Xiaofei）、姚平（Yao Ping）編：《從社會性別看中國宗教：主體、身份認同與身體》（*Gendering Chinese Religion: Subject, Identity, and Body*），紐約州立大學出版社，2014年。

姚平（Yao Ping）：《善緣：唐代的佛教徒母親和子女》（*Good Karmic Connections: Buddhist Mothers and Their Children in Tang China* [618—907]），《男女：中國的男性、女性和社會性別》（*Nan Nü: Men, Women and Gender in China*）第10輯，第1期（2008），第57—85頁。

（姚　平）

---

[1] 周紹良、趙超《唐代墓志彙編》，上海古籍出版社，1992年，第2393頁。

第八章

契丹遼國天子的使臣

韓 橁（卒於1035）

> 該墓志的主人來自於一個曾效力於非漢人政
> 權——契丹遼——的家族。其内容不但涉及身份
> 認同、文化和民族等議題，同時還爲瞭解那個時
> 期的國際關係提供了豐富信息。

導讀：

1005年是東亞地緣政治經歷劇烈變動的一年。兩個敵對的帝國——宋朝和契丹國（後來稱遼朝）——締結了和平協議"澶淵之盟"，終結了自907年唐代結束後長達一個世紀的動蕩和紛爭。這個盟約爲兩國劃定了邊界，并達成了宋朝每年向遼朝提供銀絹"禮物"、宋遼約爲兄弟之國、兩國皇帝以年齡長幼互稱兄弟，且後世仍以世以齒論等規定。兩朝皇帝分別來自"北方朝廷"的遼朝和"南方朝廷"的宋朝——同時承認彼此地位的合法性，這在歷史上并無先例。唐朝時期，遠近諸邦只需向一位皇帝進貢，而澶淵之盟的簽訂意味着，西夏

（1038—1227）和高麗（918—1392）等政權不得不向宋、遼兩位國主行君臣之禮。本墓志的主人公韓橁（卒於1035）在該盟約簽訂前後都曾擔任過遼朝一方的使臣。縱觀他的一生，我們不僅可以瞭解遼朝的內政，還能窺見遼朝與其他國家的關係。此外，該墓志讓我們得以從正史以外的角度，去思考與文化和民族有關的身份認同問題。

如果沒有十九世紀以來出土的考古材料，我們今天對遼朝的認知將會很大程度上依賴於宋朝的視角。這種視角在我們考慮宋遼關係時頗有問題。這是因爲，雖然澶淵之盟帶來了相對的和平，宋朝內部的某些政治集團却始終對盟約多有苛責。他們將契丹視爲異邦蠻夷，并且質疑遼朝對"燕雲十六州"統治的正當性。他們不僅希望宋朝"收復"十六州，還堅持認爲宋朝對此區域的統治是民心所嚮。所以，雖然澶淵之盟將宋遼兩個政權并存的合法性寫進了準則，文人士大夫群體却很難接受這樣的政治現實。他們的理念在後世依然流行，不僅影響了後來史家書寫遼代歷史的方式還影響了那些可以使我們瞭解遼代內部運作情况的歷史材料的遺存。

宋朝思想家們認爲，遼朝是一個非正常的存在。遼朝皇室是以從事游牧業爲主的突厥——蒙古系部落民後裔。該群體曾活躍於唐帝國的東北地區，與唐東北行省和回鶻汗國（744—840）有着頻繁互動。在九世紀唐王朝瓦解後，一位名爲阿保機（916—926在位）的契丹首領趁東北亞出現權力真空之際，建立了自己的政權基礎。作爲崛起中的契丹的領袖，阿保機廢除了部落世選制，鏟除了諸多異己，於916年按中原傳統，建立了世襲的耶律氏王朝。這個新建立的政權很快走上軍事擴張的步伐。在東方，它先後征服了渤海國（今屬遼寧）和女真部落（今屬吉林和黑龍江）；在南面，遼朝與後晉（936—945）結盟并佔據了燕雲十六州。以開封爲首都的宋朝自960年後開始擴張，并與新興崛起的西達蒙古、東接朝鮮半島邊境、南越長城直達中國北方平原的遼朝，有着越來越緊密的接觸。

遼朝的人口構成呈現出多元化的特點。其中既包括被俘虜的人口，也有來自朝鮮半島、內陸亞洲和中國北部自願遷徙的移民。人口的多元化構成和遼朝王室所承襲的傳統草原習俗，導致遼朝的權力結構和統治模式不同於之前的唐朝，以及與其同時代的宋朝。遼朝皇帝通常在帳篷中和馬背上，而不是在宮殿或固定的地點來進行統治。他們四季外出游獵，朝官隨行，設立行帳，對五京和其他城鎮地區只是定期地巡視。宋朝使臣所寫的奏報中，曾講述過他們穿越荒野抵達行帳來覲見遼朝皇帝的旅行。遼設置南面官和北面官的雙軌官制來管理多元化的人口構成。北面官監管北方廣大地區的部落民；南面官仿唐宋官僚體系設置，管理着龐大的南方農業人口。與這兩個體系并存的還有一個稱爲斡魯朵的制度。雖然該制度的具體情況尚需進一步研究，但該制度的施行似乎使得某些特定區域和人口成爲了皇帝的私產。

在宋人眼中，遼朝多元化的人口構成和權力結構是其“非我族類”的明證。這或許促使他們強調習慣於遷移的遼朝統治者與在契丹統治下的中國北方定居人口之間的不可調和性。很多有關遼朝的傳世文獻是由同時期的宋人記載的。其他與遼朝有關的材料則是在兩個世紀以後的元朝史家根據當時可見的遼朝宮廷紀錄編纂而成的。這意味着我們讀到有關遼朝的族群和文化身份的記載，并不一定能反映出那些生活在遼朝的人物個體對自我形象的認知。中國東北和內蒙古的考古發現爲我們理解這些歷史人物個體如何描述自我提供了有用的信息。從這個意義上講，包括本文所涉及的研究對象在內的出土墓志，爲探索十至十二世紀東北亞的人物個體和其身份認知等議題提供了一個新的途徑。若沒有墓志銘文的發現，本文研究的這篇墓志的主人公韓橁及作者李萬（活動於1012—1036），將會跟很多其他的遼代人物一樣，被歷史長河淹沒而無法爲我們知曉。

如何界定韓橁的族群身份呢？他是漢人還是契丹人？志文作者并沒有直接提及，這可能揭示了族屬區分的模糊性，亦或者這個問題本身的敏感性。李萬在墓志開篇處首先提及了“韓”姓，聲稱韓橁的家族與同發源於冀州（今河北）的一隻遠古宗系具有連係。接着他的敘述跨越千年來到了十世紀早期——阿保機攻陷冀州，以及曾效力於阿保機的韓橁的曾祖韓知古的崛起。這樣的祖先世系顯示出韓橁的“漢”，或者族群上“中國人”的屬性。但是，韓橁是一個長期處於遼朝政治權力中心的家族的第四代。他的家族效力於耶律皇室，并能流利地使用契丹語。此外，我們還可以清楚地看到，這個家族與皇室耶律氏一樣，世代與后族蕭氏聯姻。顯然，韓橁并非是一個服務於異族征服者的漢人，而是從家系、政治和文化上都融入到了遼朝政權，成爲了統治階層内部的一員。這種身份的雙重性或者融合性，使得韓氏家族成員與遼朝政府要職和外交事務具有高度匹配性；他們與皇室的緊密聯繫，確保了他們對遼朝王室的忠誠以及來自遼統治者的信任；漢語的通用性及韓氏家族與中國北方文化的親密度，使他們在出使宋朝或此區域其他國家時都有極大優勢。

韓橁的家族成員躋身到耶律皇室統治集團内部并非個案。其他中國北方家族離散的後裔也曾在遼朝享有類似的特權，在官僚體系内佔有一席之地，并在需要時作爲使臣去外邦執行外交任務。我們很難知道這些人服務於非“中國”皇帝和政權時的感受，甚至無法確定他們是否將自己視爲“中國人”。對於這些問題，墓志本身提供了非常有限的信息，而宋人留下的傳世文獻則受既定意識形態的左右強化了這些家族“中國性”的理念；這樣的理念可能會因爲某些宋朝知識分子對宋遼關係的不安而得到刻意加強。

通過韓橁墓志，我們可以窺見不斷變動中的地緣政治情況。韓橁曾以不同官位服務過兩位皇帝，其歷任的主要職位包括參謀、使臣或者出使外邦掌有帝王信印的信使。他曾兩次出使宋朝，其中第一次是在澶淵之盟剛簽訂不久之後。除了宋朝以外，韓橁還曾跋涉至其他地區——其中包括出使高麗兩次、西夏一次。在其事業巔峰之際，由於某些不明原因而遭到貶黜，於次年奉使沙州（蒙古境內），并在這次出行中險些喪命。這些旅行作爲他一生中的高光時刻被紀錄下來，但是其生平絕大多數的時間都是在遼國腹地和政治中心度過的，且并非停留於一處。在其人生的不同時期，韓橁曾執掌過從南部邊境到動蕩的東京道在內的多個地區，最終死於遼南京——燕京（今北京）任上。他亦曾任職於若干宮帳，隨御駕而行。縱觀其生前身後事，韓橁歷任多職并獲得過一系列官銜。具體可見於下文墓志所載。

韓橁墓志是由李萬在韓橁之子的委托下所作的。與在內蒙古赤峰地區巴林左旗白音勿拉蘇木發現的那些有着豐富物質文化遺存和考古材料的韓氏家族墓葬不同，韓橁墓志所出土的確切位置以及現在去向尚不明瞭。換句話説，關於韓橁在同時期人眼中是怎樣的形象這一問題，墓志文本所提供的信息是我們唯一的信息來源。

對於李萬其人及其與韓橁的關係，我們知之甚少。在官修史書《遼史》中，他曾出現過兩次。在1012年，李萬位列秘書省正字，由於在上書中"辭涉怨訕"，被處以從事冶銀的苦役。在已知的遼代墓志中，有兩方爲李萬所作。在耿延毅墓志中（1020），李萬并未提及自己的官職，而是追溯自己爲隴西（甘肅）李氏的後人。但在韓橁墓志中，李萬則羅列了自己的官職。

　　就遼代墓志的修辭和結構來講，其與唐代和更早時期的傳統相比并沒有明顯的變化。將祖先追溯至上古來塑造一個中國北方家族世系的模式，并非僅見於韓橁及其家族成員的墓志，亦見於遼統治家族的墓志。遼朝皇族耶律氏將先祖追溯至漢代皇室的劉姓家族，而后族則自稱源於蘭陵（今屬山東）蕭氏——漢代奠基者劉邦（公元前256—前195）的股肱之臣蕭何（卒於公元前193）的後裔。一個人的"身份"問題并非取決於其所聲稱的世系的真實性，而是要放在此類聲明產生的具體背景中探討。

　　現有超過兩百方漢字書寫的遼代墓志，其中三分之一屬於耶律氏和蕭氏家族成員。除此之外，還有部分墓志由契丹文字寫成（學界認定爲大字和小字兩種）。而契丹文字已消亡了超過半個千年，存世的部分文字也尚未被完全解讀出來。絕大多數的契丹文墓志爲耶律氏和蕭氏家族成員墓志，證明這兩個家族在墓志銘的製作上擁有絕對優勢的物質和文化資本。部分遼墓，除有墓志出土外，其墓室結構宏偉且有豐富的物質文化遺存。遼朝南北方的墓葬文化有顯著差異，呈現爲契丹式和漢式兩種不同的墓葬文化類型。且并非所有墓葬都包含墓志。整體來講，遼的喪葬文化顯示了適用於精英群體的多種文化選擇，以及他們對待墓志的多元化觀點。在下文所見的韓橁墓志中，我們一方面可以看到文本作者將墓主人的世系構建置於中國傳統的努力，與此同時，還可以強調墓主人及其家族在遼朝皇室和政治中所扮演的中心角色。就身份認同這個議題而言，在這篇墓志中我們并未看到它與族群標籤有關。而對於韓橁的家人而言，他們在韓橁墓志中想要去頌揚的是其來之不易的高官厚禄以及得到的帝王垂青。

志文：

大契丹國故宣徽南院使、歸義軍節度、沙州管内觀察處置等使、金紫崇禄大夫、檢校太尉、使持節沙州諸軍事、沙州刺史、御史大夫、上柱國、昌黎郡開國侯、食邑一千五百户、食實封壹佰伍拾户韓公墓志銘并序

朝請郎、守尚書右司郎中、充史館修撰、武騎尉、賜紫金魚袋李萬撰

公諱橁，字正聲，其先曲沃桓叔之苗胄也。建功於冀，食采於韓。惟彼元昆，以邑命氏。若乃劃分三晉，森峙六雄。爐餘方絶於祖龍，基構特新於天漢。成既賜胙，卜宅潁川；信亦分茅，築都代土。其後徙居昌黎，因爲其郡人。則著姓之籍，不其盛歟！

我聖元皇帝鳳翔松漠,虎視薊丘。獲桑野之媵臣,建柳城之家社。威宣十乘,化被一隅。推忠契運宣力功臣、彰武軍節度、東南路處置使、開府儀同三司、守尚書左僕射、兼中書令諱知古,曾祖父也。魏之畢萬,早稱必復;魯之僖伯,終謂有後。紹興蕃衍,嚮用崇高。

協謀守正翊衛忠勇功臣、燕京統軍使、天雄軍節度使、開府儀同三司、贈守太師、兼政事令、行魏州大都督府長史、上柱國、鄴王諱匡美,祖父也。抱船驥之宏用,膺帶礪之宗盟。高揭將壇,始縻王爵。先娶秦國太夫人,生二男一女。長子列考。次子瑀,左監門衛將軍,早亡。女適劉宋州侍中男而殂。又以壽昌恭順昭簡皇帝失愛之嬪妻之,封鄴王妃,即聖元神睿貞列皇后之猶女也,生一男一女。(男)幼亡。(女)適張侍中孫、左監門衛大將軍、知檀州刺史事崇一,今夫人之父也。後娶魏國夫人鄴妃之姪,皆出於蕭氏矣。

西南路招討、晉昌軍節度使、行京兆尹、尚父、秦王諱匡嗣,伯祖父也。樹甍足之英標,傳馬眉之茂慶。列五鯖之鼎,峩七蟬之冕。生我大丞相、守大傅、晉國王、諡文忠諱德讓,賜名隆運,聯其御諱也,賜姓耶律氏,屬籍於宗室。特加殊禮,丕顯大勛,與夫劍履上殿、几杖入朝者不侔矣,從世父也。

四十万兵馬都總管、兼侍中、南大王、贈政事令、陳王諱遂貞,賜名直心。真柱石之雄,享鈞軸之重,爲周方邵,作舜皋夔,再從兄也。譜係於國姓,其餘戚屬族人，拜使相者七，任宣猷者九。持節旄，縉符印，宿衛交戟，入侍納陛者，實倍百人。此不具書，略也。

烈考諱瑜，內客省使、檢校太傅、贈太尉。出征冀部，適次遂城。躬犯干戈，親冒矢石。會前茅之崩沮，乘右校之退衄。奮不顧身，卒於用命。先娶蘭陵蕭氏，封本郡夫人。生九子，所存者，公最幼也。

惟公稟弓嵩之貴精，蘊斗極之武幹。體貌魁碩，宇量淵弘。襲世祿以不驕，修天爵以彌篤。尤工騎射，洞曉韜鈐。甫及策名，克從筮仕。

初授西頭供奉官，遷御院通進。朔方分閫，河右稱藩。九重曲降於璽書，一介載馳於冊命。以公持節封李繼遷為夏國王。洎星轅解鞅，駬輇迴鑣。入奏乾元，頗傾兌悅。改頒給庫使。

統和二十三年，運契戢囊，時丁歸放。慕義廣開於栗陸，含靈雅唱於葛天。趙宋氏致幣結歡，猷牲修睦。將叶皇華之詠，簡求專對之才。以公充賀正之副，達於汴都，三百萬之寵錫也。迴授引進使，轉客省使。

旋以辰卞弒君，獫駒作梗。萬乘恭行於討擊，六師畢集於征伐。考詩書而謀帥，無右郤縠；委車騎而命將，率先竇憲。即授公左第一驍騎部署。軍還，加左監門衛大將軍，知歸化州軍州事。密邇樓煩，切鄰白霫。俗多獷很，民苦侵漁。自公下車，咸服仁化。秩滿，除章愍宮都部署。掌綰版圖，撫綏生齒。陪四朝之羽衛，覆數郡之刑名。

出充燕京留守衙內馬步軍都指揮使，改易州兵馬都監。繕甲治兵，遏強撫弱。主持蘭錡，清肅柳營，轉弘義宮都部署，拜侍衛親軍步軍都指揮使、利州觀察使，領禁旅也。

夫物忌大盛，先哲炯誡；事久則變，前代良箴。忽生瞾繰於私門，欻被縈囚於制獄。虞書文命，寧殺不辜。孔記冶長，信知非罪。遂以笞刑斷之。仍不削奪在身官告，念勛舊也。

明年，奉使沙州，册主帥曹恭順爲燉煌王。路歧萬里，砂磧百程。地乏長河，野無豐草。過可敦之界，深入達妒。□囊告空，糧粻不繼。詔賜食羊三百口，援兵百人。

都護行李，直度大荒。指日望星，櫛風沐雨。郵亭杳絕，蕭條但聽於雞鳴；關塞莫分，坱漭寧知於狼望。舊疹忽作，以馬爲輿。適及岩泉，立傅王命。在腹之瘕，倏然破墮。公亦仆地，至夕乃甦，其疾頓愈。議者謂公忠勞所感，神之祐也。

東歸之次，踐歷擾攘。僮僕宵征，曾無致寇。驂騑凤駕，殊不畏危。軼絕漠之阻脩，越窮方之遼复。肅將土貢，入奉宸嚴。孝宣皇帝敦諭久之。寵睠逾厚。賜白金二百兩、氀布八十段、帛百疋。尋授乾、顯、宜、錦、建、霸、白川七州都巡檢，再任章愍宮都部署，依前左監門衛大將軍。

太平五年，雞種貢材，鴨流通棧。師停下瀨，兵罷渡遼。皇穹鞠育於大弓，列王贊陳於楛矢。乃命使高麗國，賀王詢之誕辰也。其年冬，授房州觀察使，知易州軍州事，兼沿邊安撫屯田使，充兵馬鈐轄。其地也，背依上谷，目眄中山。子僑不托於攻蒲，羊祜無猜於嘗藥。馬牛不及，雞犬相聞。

未幾，授長寧軍節度、白川州管內觀察處置。八年秋，逆賊大延琳，竊據襄平，盜屯肅慎。鯨鯢橫海，怒張吞小之喉；虯豕憑江，暴啓食中之吻。將以舉泰山而壓卵，登高屋以建瓴。本初圍守於伯珪，文懿格張於仲達。

假公押領控鶴、義勇、護聖、虎冀四軍，充攻城副部署。賊平，就拜永清軍節度，貝、博、冀等州觀察處置等使。管押義勇軍，駐泊於遼東。詔賜銀盆百兩、細衣一副，移鎮瀋州。然而虎夷效逆，鶴野罹災。俘劫井閭，剽掠烽戍。來如蚊蟵，肆毒噬人；去若虺蝪，蓄奸伏莽。公乃指畫方略，奮發雄圖。截玄菟之要衝，貫紫蒙之扼束。築壘一十七所，宿兵捍城。賊不西寇，公之力也。

未遑受代，復南使於宋，亦三百萬之賜也。張旌即次，飛蓋出疆。依然郊勞之儀，宛若館穀之數。薦盟君好，綽布賓榮。使迴，遷宣徽北院使、歸義軍節度、沙州管內觀察處置。在任二歲，進位南院使，加檢校太尉。

重熙五年，在燕京也。備清蹕之來臨，俟翠華之降幸。葺修宮掖，仰期飲鎬；崇飾祠寺，企望問峒。舉揚百司，支遣萬計。勤恤夙夜，犯凌寒暑。遇疾潛驚於壞寢，求醫不遂於針肓。稷嗣觀書，善分科斗；郭文在疾，難辨金雌。

以九月二十五日，檣告薨於宣徽衙之正室。天子緬懷盡瘁，軫悼殲良。賻賵之外，賜錢五十萬，俾襄其事，非常例也。詔贈檣官，旌德表功，恩榮至矣。

明年二月十七日，葬公於柳城白崖山之朝陽。以先夫人蕭氏合袝之，從祖考之宅兆，禮也。惟公遠使鳴沙，必死之地。羈栖絶徼，流落退諏。涉險獲夷，履凶無咎。考終之日，遥鎮其州，信其異也。

凡三娶。先夫人生二女，長早亡，次適左日軍將軍蕭乞得。繼室蕭氏生三女。一適護衛將軍蕭朱；一適左班殿直張玫，大同軍節度、特進、檢校太師筠之孫也。一適通事班祗候康德潤，早亡。皆能事舅姑，益親娣姒。芳如蘭蕙，瑩若瓊瑶。

今夫人張氏，左監門衛大將軍、知檀州軍州事崇一之女，承天皇太后賜也。虔弘内則，靡入外言。貞莊雅諷於螽蟴，令淑縶羞於蘋藻。生三男：孟曰齊家奴，廢疾居家，受浮屠之法，先公五稔而逝；仲曰貽孫，左承制閤門祗候；季曰貽訓，冠而未仕。聞教導於鯉庭，紹雄豪於馬埒。奄鍾柴毁，益纏孺慕。哀□極於旻天，勉尚凶於遠日。懼遷岸谷，請紀音塵。青山白雲，温博已談於傅弈；蔓草拱木，麗遒委於江淹。聊采世家，粗鑴壽域。其銘曰：

宗唐叔兮系頊當，徙棘城兮遇聖皇。四王錫羨兮，七相耿光。節旄交影兮，璽綬成行。我公降迹兮，恢磔蕃昌。奚奄邁於斯疾兮，固難謁於彼蒼。曩銘旌於旅館兮，瘞志石于玄堂。築馬鬣之長隧兮，鑿龍耳之高崗。露泣青草兮，風號白楊。隴泉悲咽兮，山雲慘傷。宅幽竟而享明祀，終古無疆。

重熙六年二月　日，鄉貢進士商隱書。[1]

延伸閱讀：

韓森（Valerie Hansen）、弗朗索瓦·路易斯（François Louis）、丹尼爾·凱恩（Daniel Kane）編：《遼代專輯》（ *Perspectives on the Liao* [*Theme Volume*]），《宋遼金元研究》（ *Journal of Song-Yuan Studies* ），第43輯（2013）。

史懷梅（Naomi Standen）：《忠貞不二？——遼代的越境之舉》（ *Unbounded Loyalty: Frontier Crossings in Liao China* ），夏威夷大學出版社，2007年。

譚凱（Nicolas Tackett）：《肇造區夏：宋代中國與東亞國際秩序的建立》（ *The Origins of the Chinese Nation: Song China and the Forging of an East Asian World Order* ），劍橋大學出版社，2017年。

崔瑞德（Denis Twitchett）、克勞斯-彼得·蒂茲（Klaus-Peter Tietze）：《遼代》（The Liao），傅海波（Herbert Franke）、

---

[1] 劉鳳翥、唐彩蘭、青格勒編《遼上京地區出土的遼代碑刻彙輯》，社會科學文獻出版社，2009年，第62—65頁，參照東洋文庫拓片。

崔瑞德編,《劍橋中國遼西夏金元史》(*The Cambridge History of China Vol. 6: Alien regimes and Border States, 907—1368*),劍橋大學出版社,2013年,第43—153頁。

魏特夫(Karl A. Wittfogel)、馮家聲(Fêng Chia-Shêng):《中國社會史:遼代,907—1125》(*History of Chinese Society: Liao [907—1125]*),美國哲學學會,1949年。

（白嵐史［Lance Pursey］ 文,謝琛 譯）

第九章

廣泛應用的墓志銘

梁　戩（卒於1042）

王　誠（卒於1042）

陳　禮（1074—1123）

這三件墓志銘表明北宋初期有墓志傳記模本在使
用，而到了北宋晚期因爲潞州更好地融入了宋
代的經濟和文化，更典型的墓志形式最終得以
采用。

導讀：

　　墓志銘的形式和内容都會隨着時間變化，這并不
讓人意外。唐代墓志銘關注志主的顯赫家世。而在唐宋
變革中，社會精英由貴族門閥演變成爲科舉成功的士大
夫，墓志書寫也隨之産生變化。宋代的士大夫爲他們認
識的或是聽説過的人撰寫墓志，他們總是在文章裏表明
其作者的身份。宋人文集中的墓志和唐代的例子大相庭
徑，它們强調志主的教育、性格和職業成就。這種個性
化的宋代墓志風格奠定了明清兩代墓志書寫的基調。

近年來，大約百件新發現的來自山西潞州的墓志銘正在改變我們對唐宋墓志書寫變遷的認識。儘管潞州在唐早期和兩京關係密切，繁榮昌盛，但從八世紀晚期開始它就遭受政治和社會動盪。到了宋朝，當國家的經濟重心南移，潞州已經衰落成爲一個經濟文化落後區。宋代潞州墓志銘的志主和作者在其他現存宋代資料中不見蹤跡。宋建國後百年間，潞州墓志銘一直沒有標注作者名，也缺少細節。它們記録志主聲名赫赫的遠祖，使用古老的典故，采用華麗的修辭和形容。這些程式化的特質指向一個讓人意外的唐宋傳承，這是史學家早先沒有注意到的。典型的“宋式”墓志銘直到十一世紀後半期纔在潞州出現，這一時期地方精英得到了更好的教育機會，也變成了全國性精英文化的參與者。

　　自宋開國一個世紀，大量潞州墓志銘字句雷同，表明了共同模板的使用。梁戬和王誠的墓志銘就是兩個例子。這兩篇都成文於1042年，開頭同樣是描寫生命易逝的序言。接下來它們介紹了志主的家人，包括配偶和後代，慣用相同的表述來談論人物的德行。最後，兩份墓志都記録了葬地和葬時，再用同樣的銘文收尾。和其他宋代早期的墓志銘一樣，這兩篇文章簡略而含糊，比起志主，更多的寫作注意力分給了後世子孫。所有後代的姓名得以全面羅列，因此關於後代的記載比志主的要長得多。從志主後人的角度來説，這些按訂單打造的墓志銘是合意的商品，既表達了他們的孝心，又彰顯了其社會地位。

相同的語句和類似的筆迹說明這兩篇墓志銘有可能來自地方上的同一個喪葬作坊。製造一塊刻有墓志傳記的石頭大概是職業的喪葬經紀人提供的一個服務選項。留下文集的作者們將他們撰寫的墓志銘視爲自己的文學創作，與之相反，在潞州售賣相似的墓志銘給多位用戶的地方行家很有可能依托於某種手册，因此也沒有主張著作權。精緻的詞組和古典的修辭隨時備用，易於複製。它們與喪家提供的具體信息結合起來。喪葬服務的提供者可能給了喪家不同的方式用來在墓志中描述人物，比如說是將寡婦寫成"三從早備，四德無差，九族皆悦於母儀，六親克遵於婦禮"或是其他？不少顧客毫無疑問會接受默認的措辭。宋代潞州墓志銘中往往出現本地顧客不會發現的錯別字，喪葬經紀人的受教育程度有限，書寫錯誤也就在所難免。

十一世紀中期後，潞州精英開始撰寫和"典型宋式"一致的更細節化的墓志。在一系列的教育改革中，全國廣設官學，潞州有越來越多的人求學應舉，接觸到全國性的精英文學。在北宋的最後五十年，大部分潞州墓志銘作者，和其他地方一樣，主張著作權，出産個性化的文章，强調志主的個人經歷（雖然他們的文章從未達到過文壇領袖的高度，諸如歐陽修和黄庭堅，此二人創作的墓志銘收録在第十和十一章）。新興的士大夫階層通過親緣、婚姻和地緣關係與潞州的非士人精英建立了聯繫，而後者的身份是建立在土地和財産的基礎之上的。士大夫應已故地主和商人的子孫或親屬的邀請爲逝者撰寫墓志銘，他們在文章中細述志主的營生，并誇贊其成功。

第三篇墓志銘就是這種爲家境殷實的男性所做的個性化墓志銘的例證。陳禮（1074—1123）的墓志銘由他的姻親鄉貢進士蒙汝爲撰寫。根據蒙的記載，陳在一個廣擁田産的富裕家庭中長大。他的先祖無人做官。他從小接受的訓練就是管理家業，事實證明他精於此道。他擅於利用財富，資助窮人，結交本地學者。他甚至將第二個女兒嫁給了一位進士，也打算延請儒士教育兒子。墓志銘作者用儒家的語彙來描寫他的性格，稱贊他的學術抱負和端正品德。同時，他毫無顧忌地談到一位商人對利益的追逐，而這并非儒家價值。這種對商業冒險的正面態度也出現在大量其他宋代潞州墓志銘中，但在潞州之外的墓志銘中却相當少見。

志文：

大宋故梁府君墓志銘并序

□有生有死，無古無今，挾舟扛鼎之徒，斷布蒙輪之輩，威能却日，力可驅山，限至時來，難逃此矣。

府君諱戩，其先涇州安定郡人也，因官逐任，析派分枝，得爲潞州上黨人也。府君德厚仁寬，言詞婉雅。士子之風邈矣，爲人之道爰彰。鄉閭懷敬愛之心，鄰里歎風光之美。故合松椿比壽，龜鶴齊年，疹起膏肓，忽歸大夜，享年六十有六。夫人郭氏，早亡。再娶張氏，早亡。再娶李氏，見處高堂。三從早儉，四德無差，九族皆悦於母儀，六親克遵於婦禮。

府君嗣子三人：長男景，新婦李氏；次吉，新婦賈氏；次新，娶陳氏早亡，再娶王氏。嗣子者，清廉有志，德行無雙，重義輕財，先人後己。新婦李氏者，洞曉閨儀，克光婦道，主蒸嘗而恪謹，奉甘旨以弥勤。

孫男九人：長豐，新婦郝氏早亡，再娶馬氏；次元，新婦王氏；次吳四、次五哥、次陳六、次克兜、次五□、次八哥、次十哥。孫女五人：長常郎婦、次三姐、次四姑、次五姑、次六姑。重孫一人，夫兒。

嗣子景念母劬勞之恩，軫兒女孤孀之感，遂揀牛眠，吉馬獵城，擇得慶曆二年壬午歲二月乙亥朔十日甲申合祔……西南□里張村，立墳塋安厝，禮也。先也陰雲翳日，宿草凝霜，茹歎含悲。爲銘曰：

哀哉梁氏，名鎮潞州。人生倏忽，風燭難留。六親悲慟，被葬荒丘。壙門永閉，万古千秋。

伏慮人代遷變，土石奚平，將後他年，刊石爲記。[1]

---

[1] 據北京大學圖書館藏拓本録入。

大宋故王府君墓誌銘并序

夫有生有死，無古無今，挾舟扛鼎之徒，斷布蒙輪之輩，威能却日，力可驅山，限至時來，難逃此矣。

祖諱贊。王氏者先商王元子之苗裔也，因官逐任，析派分枝，得爲潞州上黨人也。德厚仁寬，言詞婉雅，士子之風邈矣，爲人之道爰彰。鄉間懷敬愛之心，鄰里歎風波之美。故合□椿……起膏□大夜。婆婆宋氏、賈氏，芳蓮殞墜，桃臉飄零，掩没花顏，飛□玉兒，應□□□之天，定達陽臺之境。府君兄諱秘，早亡；弟文禧，早亡，新婦□□□；大姑李郎婦見在。府君諱誠，安人和衆，□□成家，悦禮敦詩，疎財至道。何期命逢坎坷，運值天年，享壽三十有八，因疾而亡。夫人□□，見處高堂，三從早脩，四德無差，九族皆悦於母儀，六親克遵於婦禮。

府君有嗣子三人：長男用和、次男五兒、次男三兒。嗣子用和者，清廉有志，德行無雙，重義輕財，先人後己。新婦□□，洞曉閨儀，克光婦道，主蒸嘗而恪謹，奉甘旨以弥勤。愛女四人：元郎婦、朱郎婦、李郎婦、小婡兒。姪女楊郎婦。并幼從□□針飛□□之花，長奉祖宗，是開顏之樂。孫男翁憐、韓留。嗣子用和念母劬勞之恩，軫兒女孤孀之感，遂揀牛眠，吉馬獵城，擇得慶曆二年壬午歲二月乙亥朔十日甲申，合祔尊靈府西約五里已來祖墳次西添立墳塋安厝，禮也。先也陰雲翳日，宿草凝霜，茹歎含悲。爲銘曰：

哀哉王氏，名鎮潞州。人生倏忽，風燭難留。六親悲慟，被葬荒丘。壙門永閉，万古千秋。

伏慮人代遷變，土石奚平。將後他年，刊石爲記。[1]

陳侯墓銘

鄉貢進士汝爲撰
宣教郎新差知汾州西河縣令鄧俊民書
寄理保義郎李奉先篆

侯諱禮，字持中，隆德長子人。曾祖諱豐，祖諱保，父諱仲安，皆不仕。占田上腴，纍世豪右。父少時補充安撫司吏。侯生於代州，未周月而孤，母劉氏襁負以歸。稍長，頗聰敏，有志於學。諸父委以生事，非其志也。侯心計絕人，凡所籌畫，贏致必厚。其後與諸父析居，專酤取，家日饒益。事寡母盡孝，竭力無違。治家有法，僕廝不入中門。雖鄰居婦女亦不令妄出入。婢僕嚴憚，不敢謾欺。閨庭整肅，士族矜式焉。一日，忽得疾，既瘳，乃留心醫術，通大旨，家多貯藥，遇有疾者，施之，里中貧者尤所資賴。持身謹飭，有襟量，輕財重義，以貧乏謁者，資給之，無難色。待交游以誠，

---

[1] 據北京大學圖書館藏拓本録入。

久而弥篤，好賢喜善，出於誠心，故其所與游者，皆四方賢士大夫。平生未嘗一言失信於人。每遇節序，必召集賓友，宴飲終日，凡具必精潔。方將延師儒以教子，期於光大門戶。侯以疾不起，宣和五年十月十一日也，享年四十九。先娶王氏，卒。再娶李氏，生二男，皆幼，未名；二女，長在室，次適進士蒙昌國。侯之卒也，母猶在堂，撫棺哭子，一慟一絕，見者莫不隕涕。而其子方扶床以嬉，烏知父之喪爲可哀已。以其年十一月壬申葬於西韓村之原。侯婿蒙國昌，余從姪也，乞銘於余。銘曰：

若人可謂善人，宜得其壽也，而遽止如斯夫，天果難知！尚有嗣子，足以傳家，而祀不隳。侯歸安乎幽宮，其又何悲！

任晲刊。[1]

延伸閱讀：

郝若貝（Hartwell, Robert）：《750—1550年中國的人口、政治和社會轉型》（Demographic, Political, and Social Transformations of China, 750—1550），《哈佛亞洲研究學刊》（*Harvard Journal of Asiatic Studies*）第42輯，第2期（1982），第365—442頁。

許曼（Xu Man）：《變革中的中國地方精英：潞州出土七到

---

[1] 申修福主編《三晉石刻大全·長治市長子縣卷》，三晉出版社，2013年，第49頁。

十二世紀墓誌銘》（China's Local Elites in Transition: Seventh- to Twelfth-Century Epitaphs Excavated in Luzhou），《亞洲專刊》第三系列（*Asia Major*, 3rd ser.）第30輯，第1期（2017），第59—107頁。

許曼（Xu Man）：《祖先，配偶與子孫：宋代潞州墓志書寫的轉型》（Ancestors, Spouses, and Descendants: The Transformation of Epitaph Writing in Song Luzhou），《宋遼金元研究》（*Journal of Song-Yuan Studies*）第46輯（2016），第119—168頁。

（許　曼）

第十章

朋友與同黨

石　介（1005—1045）

歐陽修是中國歷史上最著名的墓志銘作家之一。他爲石介撰寫的《徂徠石先生墓志銘》突出塑造了一個有爭議的政治人物、教育家和思想家。石介墓志同時反映了在黨爭和重大社會文化變革時期文學與政治的相互作用。

導讀：

　　十一世紀是中國歷史上一個重大的政治、思想、社會和文化轉型期。這其中最重要的變革包括科舉制度的發展、士大夫影響的提升，及儒學的復興。科舉考試始興於六世紀末，其初旨爲抗衡當時世家大族和軍事貴族的勢力。由唐入宋，科舉成功地吸引了衆多博學多才之人入仕。飽受儒家經典教育的士大夫并積極着手解決當時最突出的内憂外患，包括在邊防、教育及取士方面的欠缺，國家在管理經濟方面面臨的挑戰，以及佛道對社會文化的巨大影響。他們在這些方面的持久努力從當

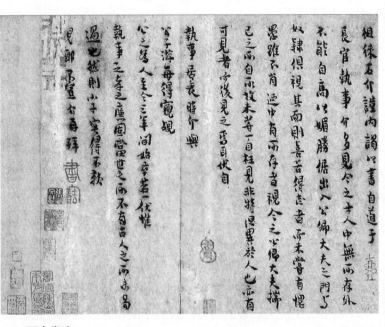

石介書法

時的重大改革提案中可見一斑。北宋士人的各種倡議舉措同時導致了嚴重的黨派之爭。在思想文化領域，宋代思想家追隨唐代韓愈（768—824）等人，倡導儒學在中國文化中的中心地位。他們對儒家經典的創造性解釋和構建最終確立了理學（或稱道學）在宋代的地位。

石介的生活和仕宦生涯是上述這些變化的清晰寫照。山東兗州石氏作爲地方精英在北宋以科舉立家。石介的父親石丙（？—1040）是石家的第一位進士。他和石介分別於1012年和1030年以進士入仕。雖然父子二人的仕途并不發達，但他們的爲官經歷和學術活動使石氏躋身北宋著名士大夫家庭。石介是一位詩人和散文家，并因積極參與十一世紀四十年代的政治鬥爭和其在儒學復興運動中所起的作用而聞名於當時及後世。石介雖然享年只有四十歲，但在生前已是有影響的教育家、儒學家。他還是范仲淹（989—1052）、富弼（1004—1083）、韓琦（1008—1075）、歐陽修（1007—1072）等領導參與的慶曆新政的堅定支持者。

《徂徠石先生墓志銘》強調石介在以上三個方面的成就。在歐陽修筆下，石介博學，有膽識，是一位有原則有奉獻精神的思想家。歐陽特別強調，石介的理想社會是“其君爲堯舜之君，民爲堯舜之民”。爲實現這一目標，石介“思與天下之士，皆爲周、孔之徒”，“所謂堯、舜、禹、湯、文、武、周公、孔子、孟軻、揚雄、韓愈氏者，未嘗一日不誦於口”。與前代的儒家學者一樣，石介的文章詳解仁義之意，并強調"學者，學爲仁義也"。他譴責佛道爲"怪説"，批評以西昆體和駢文爲代表的"時文"妨礙聖人之道的傳播。歐陽指出，石介對此"三怪"的批判證明了他是韓愈的真正追隨者。對韓愈和石介來說，儒學復興須從鏟除佛、道、時文的影響開始。石介的這些努力不僅有助於確立韓愈在儒學道統中的地位，也使自己成爲當時儒學復興運動的重要組成部分。

除了強調石介是一位思想家，歐陽修同時稱贊石介身體力行儒家學説。遠在入仕之前，石介即遵從儒家"雖在畎畝，不忘天下憂"的濟世利民思想。作爲學者和孝子的石介積極推廣儒家家禮，誠心履行喪葬及祭祀禮儀。"丁内外艱去官，垢面跣足。"并且，在家鄉丁憂期間，石介完成了一個超大規模的家族葬禮，將石氏五代七十餘男女入土爲安。同一時期，他積極參與泰山書院和徂徠書院的創建及教學活動，成爲北宋早期重要的儒學教育家。與孫復（992—1057）一道，石介把書院變成了儒學中心。1042年，石、孫二人到京城任職太學。他們的大批學生也隨之前往。歐陽指出，"太學之興，自先生始"。

在歐陽筆下，石介敢於直言，不屑妥協。"至其違世驚衆，人或笑之，則曰：'吾非狂癡者也。'"歐陽特別稱贊石介在慶曆革新和激烈黨爭中所表現的超常勇氣。新政反對派對石介的敵意始於他1043年所作名篇《慶曆聖德詩》。這首數百言的長詩，盛贊仁宗皇帝（1022—1063在位）提拔仁德之士，公開宣稱前宰相爲大奸。石介因毫無顧忌地"褒貶大臣，分別邪正"而遭到其政敵的誹謗批判。他的《慶曆聖德詩》更因指名道姓，使改革派與保守派之間的鬥爭愈演愈烈。石介卒於1045年，所以未及遭受其他改革派人物的貶謫之苦。他的政敵却仍堅稱石介詐死以逃脱罪責，并要求開棺驗屍。圍繞石介之死的這些鬥爭是其久未下葬的部分原因。

《祖徠石先生墓志銘》不僅使我們瞭解一位傑出的學者和有爭議的政治人物，同時讓我們看到墓志作者如何在其作品中加入敏感的政治材料。要更好地理解歐陽修對石介積極參與慶曆革新的描述，我們需要瞭解作者和墓主的關係。祖籍江西的歐陽修與石介有很多共同之處。與石家一樣，歐陽氏興起於北宋初期。歐陽修的父親歐陽觀是家族的第一個進士（1000）。歐陽修與石介同年以進士入仕（1030），而且是慶曆革新的核心人物之一。除了參與政策制定與論辯，歐陽還執筆了著名的《朋黨論》。在文中，他稱改革者爲君子，而反對派是自私邪惡的小人。

基於二人在家庭社會背景和政治觀點上的一致，歐陽修自然毫無保留地肯定石介在慶曆黨爭中的作用。當石介病逝於黨爭最激烈之時，歐陽一定清楚石介入土爲安及恢復名譽并非一朝一夕之事。任何對石介的紀念行爲都會引起爭議，并給發起者帶來麻煩。儘管如此，歐陽依然在1046年用一首長詩來悼念他的這位朋友與同黨。歐陽的詩以"徂徠魯東山，石子居山阿。魯人之所瞻，子與山嵯峨"開篇，接着詳述石介的學術及政治活動。詩人似乎全然不顧有關石介的爭議及對石的指控。考慮到當時的緊張氣氛和有關石詐死的謠言，歐陽的紀念長詩實爲大膽之舉。

《徂徠石先生墓志銘》的價值還在於，歐陽修不僅是中國歷史上成就斐然的散文家、詩人、政治家、史學家和書法家，同時也是極受歡迎的墓志作者。與同時代動輒數千言的墓志相比，歐陽的作品一般較短，在幾百至一二千字之間。石介墓志大概1 200字左右，屬中等篇幅，具有宋代士人墓志的基本特徵。和其他墓志作者一樣，歐陽在石介的墓志中突出了墓主的道德人品，科舉入仕經歷，學術和文學成就，以及仕宦生涯。此外，歐陽還記載了他應邀作銘的情況，提到了求墓志者的姓名，并詳記了石介的死亡及入葬時間。所有這些都符合宋代墓志寫作的常規。

從另外幾個方面來看，《徂徠石先生墓志銘》又不具備宋代墓志代表性。首先，除去石介在太學興起中的作用，歐陽沒有涉及石爲官方面的能力與成就。這本是宋代士人墓志的基本要素。第二，歐陽的墓志作於石介死後二十一年，其時慶曆新政早已成爲歷史。石介的久不下葬給歐陽提供了一個寶貴的機會來記錄他和他同代人一生中最重要的事件之一。從這個意義來講，《徂

徂徠石先生墓誌銘

翰林學士加史館修撰廬陵歐陽修撰

徂徠先生姓石氏名介字守道兗州奉符人也徂徠魯東山而先生非隱者也其仕嘗位於朝矣魯之人不稱其官而稱其德以爲徂徠魯之望先生魯人之所尊故因其所居山以配其有字

生貌厚而氣完學篤而志大雖在畎畝不忘天下之憂以謂時無不可爲之無不至不在其位則行其言吾言用功利施於天下不必出乎己吾言不用雖獲禍咎至死而不悔其遇事發憤作爲文章極陳古今治亂成敗以指切當

世賢愚善惡是是非非無所諱忌世俗顏駭其言由是誹議喧然而小人尤嫉惡之相與出力必擠之死先生安然不惑不變曰吾道固如是吾勇過孟軻矣不幸遇疾以卒一本多矣而奸人有欲以奇禍中傷大臣者猶指先生以起事謂其詐死而北走契丹矣諸發棺以騐賴天子仁聖察其誣得不發棺而保全其稚子先生世爲農家父謹丙始以仕進官至太常博士先生二十六舉進士甲科爲鄆州觀察推官南京留守推官御史臺辟主簿未至以上書論赦罷不召秩滿遷某軍節度掌書記代其父官於蜀爲嘉州軍事判官丁內外艱去官垢面跣足躬耕徂徠之下

歐陽修《徂徠石先生墓志銘》
正誼堂本《石徂徠集》

徠石先生墓志銘》不僅是對石介一個人的緬懷，也是對一個逝去的時代的重新評價。最後，歐陽的《徂徠石先生墓志銘》幾乎未曾提及石介的先祖、妻子、兒女，及其子女的婚姻。這很可能是因爲歐陽知道石介本人已經撰寫了詳細的石氏世系，因此無需贅述相關信息。《徂徠石先生墓志銘》的讀者却因此失去瞭解下列信息的機會：石氏在兗州爲大族，已定居數代；石介的父親一生五娶；石介被迫籌借巨款以完成他的家族葬禮，并於墓地之側修建祭堂和拜掃堂。在爲這兩個孝思堂所作的記中，石介告誡他的後代要重視修德，并勤於祭祀之禮。

志文：

徂徠石先生墓志銘

歐陽修

徂徠先生姓石氏，名介，字守道，兗州奉符人也。徂徠，魯東山，而先生非隱者也，其仕嘗位於朝矣，魯之人不稱其官而稱其德，以爲徂徠魯之望，先生魯人之所尊，故因其所居山，以配其有德之稱，曰徂徠先生者，魯人之志也。先生貌厚而氣完，學篤而志大，雖在畎畝，不忘天下憂。以謂時無不可爲，爲之無不至，不在其位，則行其言。吾言用，功利施於天下，不必出乎己；吾言不用，雖獲禍咎，至死而不悔。其遇事發憤，作爲文章，極陳古今治亂成敗，以指切當世，賢愚善惡，是是非非，無所諱忌。世俗頗駭其言，由是謗議喧然，而小人尤嫉惡之，相與出力，必擠之死。先生安然，不惑不變，曰："吾道固如是，吾勇過孟軻矣。"不幸遇疾以卒。既卒，而奸人有欲以奇禍中傷大臣者，猶指先生以起事，謂其詐死而北走契丹矣，請發棺以驗。賴天子仁聖，察其誣，得不發棺，而保全其妻子。先生世爲農家，父諱丙，始以仕進，官至太常博士。先生年二十六，舉進士甲科，爲鄆州觀察推官、南京留守推官。御史臺辟主簿，未至，以上書論赦，罷不召。秩滿，遷某軍節度掌書記，代其父官於蜀，爲嘉州軍事判官。丁內外艱去官，垢面跣足，躬耕徂徠之下，葬其五世未葬者七十喪。服除，召入國子監直講。是時，兵討元昊久無功，海內重困。天子奮然思欲振起威德，而進退二三大臣，增置諫官、御史，所以求治之意甚銳。先生躍然喜曰："此盛事也，雅頌吾職，其可已乎！"乃作《慶曆聖德詩》，以褒貶大臣，分別邪正，纍數百言。詩出，泰山孫明復曰："子禍始於此矣。"明復，先生之師友也。其後所謂奸人作奇禍者，乃詩之所斥也。先生自閑居徂徠，後官于南京，常以經術教授。及在太學，益以師道自居，門人弟子從之者甚衆，太學之興，自先生始。其所爲文章，曰某集者若干卷，曰某集者若干卷。其斥佛、老、時文，則有《怪説》《中國論》，曰去此三者，然後可以有爲。其戒奸臣、宦女，則有《唐鑒》，曰吾非爲一世監也。其餘喜怒哀樂，必見于文。其辭博辯雄偉，而憂思深遠。其爲言曰：“學者，學爲仁義也。仁急於利物，義果於有爲。惟忠能忘其身，信篤於自信者，乃可以力行也。”以是行於己，亦以是教于人，所謂堯、舜、禹、湯、文、武、周公、孔子、孟軻、揚雄、韓愈氏者，未嘗一日不誦於口。思與天下之士，皆爲周、孔之徒，以致其君爲堯舜之君，民爲堯舜之民，亦未嘗一日少忘於心。至其違世驚眾，人或笑之，則曰：“吾非狂癡者也。”是以君子察其行而信其言，推其用心而哀其志。先生直講歲餘，杜祁公薦之天子，拜太子中允。今丞相韓公又薦之，乃直集賢院。又歲餘，始去太學，通判濮州。方待次于徂徠，以慶曆五年七月某日卒於家，享年四十有一。友人廬陵歐陽修哭之以詩，以謂待彼謗焰熄，然後先生之道明矣。先生既没，妻子凍餒不自勝，今丞相韓公與河陽富公分俸買田以活之。後二十一年，其家始克葬先生於某所。將葬，其子師訥與其門人姜潛、杜默、徐遁等來告曰：“謗焰熄矣，可以發先生之光矣，敢請銘。”某曰：“吾詩不云乎‘子道自能久’也，何必吾銘？”遁等曰：“雖然，魯人之欲也。”乃爲之銘曰：

徂徠之巖巖，與子之德兮，魯人之所瞻；汶水之湯湯，與子之道兮，逾遠而彌長。道之難行兮，孔孟遑遑。一世之屯兮，萬世之光。曰吾不有命兮，安在夫桓雖與臧倉？自古聖賢皆然兮，噫，子雖毀其何傷！[1]

延伸閱讀：

包弼德（Peter Bol）:《歷史上的理學》(*Neo-Confucianism in History*)，哈佛大學亞洲中心，2010年。

賈志揚（John W. Chaffee）:《宋代科舉》(*The Thorny Gates of Learning in Sung China: A Social History of Examinations*)，劍橋大學出版社，1985年。

李瑞（Ari Daniel Levine）:《君子與小人：北宋後期的朋黨之爭》(*Divided by a Common Language: Factional Conflict in Late Northern Song China*)，夏威夷大學出版社，2008年。

迪特·庫恩（Dieter Kuhn）:《儒家統治的時代：宋的轉型》(*The Age of Confucian Rule: The Song Transformation of China*)，哈佛大學（Belknap）出版社，2009年。

張聰（Cong Ellen Zhang）:《官僚政治與紀念性傳記：范仲淹碑銘的書寫》(Bureaucratic Politics and Commemorative Biography: The Epitaphs of Fan Zhongyan)，收於伊沛霞（Patricia B. Ebrey）、史樂民（Paul J. Smith）編，《中國歷史上的國家權力，900—1325》(*State Power in China, 900—1325*)，華盛頓大學出版社，2016年，第192—216頁。

（張　聰）

---

[1] 曾棗莊、劉琳編《全宋文》，上海辭書出版社，2006年，第35冊，第755卷、第367—369頁。

第十一章

緬懷父親

晁君成（1029—1075）

這篇墓志表現人子説服名家爲其父母作銘的兩方
面考慮：保證父母名聲不朽；確立自己孝子的
名聲。

導讀：

自古以來，儒家經典詳細規定了人子對父母的孝
道。父母在世時，人子需盡心侍奉，曲意順從。遭父母
之喪，需服三年斬衰，廬於墓側，食粗茶淡飯，禁飲酒
娛樂。人子最重要的孝行還體現在經營父母的葬事上。
隨着他們入土爲安，父母成爲了祖先。人子每年則需在
家祠或祖墓行祭祀之禮。這些禮儀一方面着眼於對先人
的懷念，一方面利於鞏固家族的團結。

抛開儒家經典的具體規定，歷史上的孝道實踐差
異紛呈。從唐代下半期開始，墓志銘逐漸成爲一種新
的行孝方式。到十一世紀，爲父母求得一篇由名家執
筆的墓志成爲宋代士大夫的一個重要追求。很多人并因

在此過程中的某些突出表現而倍受贊譽。更有人子公開渲染喪親之痛以求感動墓志作者。另一些人爲等一銘，長期擱置父母葬事，最終反爲墓志作家樹立爲孝子的典型。

現存資料表明，大多數人子是通過書信與墓志銘作者取得聯繫的。1084年，北宋著名文人晁補之（1053—1100）致信其好友黃庭堅（1045—1105）。在信中，晁補之告知黃庭堅，他不久將料理父親晁君成（1029—1075）的葬事，并請求黃爲其父作銘。晁補之隨信附上杜純所作晁君成行狀。杜純的行狀未存於世，根據傳世的類似文本，我們可以斷定該行狀旨在提供黃庭堅寫作墓志銘所需的相關信息。

晁補之致黃庭堅的信全長六百多字，是現存求銘信中最長的文本之一。這主要是因爲晁補之寫信的目的并不僅僅是求得黃庭堅的同意。晁補之信中的大部分内容有關晁君成在爲官、作文、交友、行孝悌方面的突出表現。晁補之提供的這些有關他父親的材料最終爲黃庭堅采用，被寫進晁君成的墓志銘。從這方面講，晁補之的信在晁君成墓志寫作過程中起到了與杜純所作行狀同樣重要的作用。

晁補之的信給我們提供了一個探討人子在塑造其父母形象與記憶中所起作用的機會。晁補之理所當然地認爲他的父親"不有信於今，必有信於後"。我們不禁要問：既然晁如此强烈地要保存他父親的記憶，他爲何不親自撰寫父親的墓志銘？歸根到底，晁補之本人就是一個多產的墓志作者，單是存世的作品即有四十多篇。需要指出的是，在北宋，晁的決定並非超乎尋常。簡單說來，大部分北宋墓志銘作者自稱是死者或死者家人的朋友、親戚，及相熟之人。而這幾百位作者只有二三十人親自撰寫了其父母或妻子的墓志銘。即使最有成就的北宋作家，往往也傾向於請求當時傑出的政治或文學家爲其父母親作墓志。

上述現象基於幾種考慮。第一，喪親伊始，人子需集中服喪。外加因感情受創或體力不支，往往無法正常寫作。再者，作爲追思文學，墓志銘難免流於誇張，言過其實，由親朋而不是人子來頌揚死者的功業也更恰當。第三，墓志作者名望越高，其作品自然傳世的幾率也就越大。最後一點，宋代墓志往往詳述死者兒孫的名號及各方面的成就。爲父母求得墓志的人子在墓主的志銘中占據尤其重要的地位。這也是人子希望他人代筆的重要原因。

儘管晁補之極力想保證他父親能够青史留名，晁君成并不是一個出類拔萃的人物。晁氏雖是北宋望族，但君成并非出自其最重要的一支，在文學及仕宦方面也不曾有傑出的成就。現有材料證明，晁君成只在南方做過兩任地方官。1075年他去世之際，他唯一的兒子晁補之只有二十三歲，而且"貧不能以時葬"。如果晁補之當時迅速處理父親的葬事，他根本無力找到一位有名望的墓志作家為父親作傳。

在晁君成死後的九年中，晁補之成功入仕（進士1079），并漸以詩人和散文家著稱。這些成就使他具備了弘揚父親名望的能力。杜純作為晁君成的老友、晁補之的岳父和資深士大夫，無疑是理想的行狀作者。但最終是晁補之與當時兩位文學巨人的密切關係，纔把晁君成從一個無名之輩塑造成一位德才兼備之人。應晁補之之請，先是蘇軾為晁君成的詩集作了序。晁補之又求助於黃庭堅。黃不僅是晁的朋友，也與晁的叔伯有所往來，因此可以說是晁家的朋友。由黃為晁君成撰寫墓志銘因此更是順理成章。晁補之希望黃庭堅為其父作銘的另一個重要原因是，黃庭堅是一位著名墓志作者，存世有六十多篇墓志銘和更多其他的紀念性文章。

蘇軾對晁君成作品的評價由晁補之通過書信傳達給黃庭堅，并為黃所引用。在信中，晁補之稱晁君成"平生奇蹇不遇，故事業見於世為少"，所以更應該在他身後緬懷其言行。晁補之并直抒他對黃庭堅文章與品學的仰慕之情，堅信"足以發幽隱，慰先君於地下者，莫如魯直也。故忘罪逆，冒昧自致，魯直亦矜其意，慨然許之。幸甚幸甚"。為強調他的誠意，晁又"涕泣有請於左右，冀魯直哀之"。基於兩人的友情，晁補之沒有任何理由擔心黃庭堅會拒絕他的要求，但他仍然遵從時俗，像其他人子一樣希望以誠動人。

晁補之的求銘長信保證了晁君成以晁補之希望的方

學士晁 補之 無咎

水龍吟　別吳興至松江作

水晶宮繞千家卜山倒影雙溪裏白蘋洲渚詩
成春晚當年此地行遍瑤臺弄英華手月嬋娟
際算多情小杜風流未覩空腸斷枝間子
一似君恩賜與賀家湖千峯縈翠黃粱未熟紅
旌已遠南柯舊事常恐重來夜闌相對也疑非
是向松陵回首平燕盡處人青山外

八聲甘州　揚州次韻
和東坡錢塘作

謂東坡未老賦歸來天未遣公歸向西湖兩處
秋波一種飛鷗澄輝又擁竹西歌吹僧老木蘭
非一笑千秋事浮世危機
應倚平山欄檻是醉翁飲處江雨霏霏送孤鴻
遣此心達臨事更何須惜吹帽淋衣

又　歷下立春

謂東風定是海東來海上寰春先乍微陽破臘
梅已省柳意都遜雪後南山聳翠平野欲生
煙記得逢日如上林邊

晁補之《晁氏琴趣外編》

式被銘記緬懷。但黃庭堅的墓志并没有只停留在彰顯死者的言行。《晁君成墓志銘》同樣頌揚了作爲人子的晁補之。黃庭堅特別指出："補之又好學，用意不朽事，其文章有秦漢間風味，於是可望以名世。君成之後，殆其興乎！"通過强調晁補之發揚光大晁氏的潛力，黃庭堅把晁補之塑造成一位孝子和傑出的後人。黃的墓志銘"不經意"地漏掉了一個細節：儘管晁補之在信中形容自己因淹滯父親的喪事而成"慘魂愧影"，黃庭堅却只字未提晁君成的久而不葬。

志文：

晁君成墓志銘

黄庭堅

　　君成晁氏，事親孝恭，人不間於其兄弟之言。與人交，其不崖異，可親；其有所不爲，可畏。喜賓客，平生不絶酒，尤安樂於山林川澤之間，一世所願。治生諧偶，入仕遇合，蓋未嘗以經意。生二十五年乃舉進士，得官。從仕二十三年，然後得著作佐郎。四十有七以歿。君成處陰匿迹，家居未嘗説爲吏。及爲吏極事，事有不便民，上書論列甚武。爲上虞令，以憂去，民挽其舟，至數日不得行。使者任君成按事，并使刺其僚，君成不撓於法，不欺其僚，盡心於所諉，不爲之作嚆矢也。仕宦類如此，故不達。少時以文謁宋景文公，景文稱愛之。晚獨好詩，時出奇以自見。觀古人得失，閱世故艱勤，及其所得意，一用詩爲橐籥。熙寧乙卯，在京師，病臥昭德坊，呻吟皆詩，其子補之榻前抄得，比終，略成四十篇。蜀人蘇軾子瞻論其詩曰：“清厚深靜，如其爲人。”濮陽杜純孝錫狀曰：“哭君成者，無不盡哀。”皆知名長者也。子瞻名重天下，孝錫行己有恥。其於兄弟交游，有古人所難。補之又好學，用意不朽事，其文章有秦漢間風味，於是可望以名世。君成之後，殆其興乎！故論撰其世出游居婚宦，使後有考。銘詩以嘉其志願，而不哀其不逢。君成字也，名某。晁氏世載遠矣，而中微。有諱迥者，事某陵，爲翰林學士承旨，以太子少保致仕，諡文元。生子，執政開封，晁氏始顯。君成曾王父諱迪，贈刑部侍郎。王父諱宗簡，贈吏部尚書。父諱仲偃，庫部員外郎。刑部視文元，母弟也。夫人楊氏生一男，則補之。女嫁某官張元弼、進士柴助、賈碩、陳琦，三幼在室。補之以元豐甲子十月乙酉，葬君成于濟州任城之呂原。其詩曰：

不澡雪以嫭清，不闒墮以徒污。林麓江湖，魚鳥與爲徒；通邑大都，冠蓋與同衢。制行不膻，人謂我愚；人爭也，人謂我非。夫彼棄也，吾趨；彼汲汲也，吾有餘。浮沉兮孔樂，壽考兮不怍。高明兮悠長，忽逝兮不可作。河濁兮濟清，任丘兮佳城。御風兮驂雲，好游兮如平生。深其中，廣其四旁，可以置守，俾無有壞傷。

植松柏兮茂好，對爾後之人。[1]

延伸閱讀：

董慕達（Miranda Brown）:《中國早期歷史上的悼亡政治》（*The Politics of Mourning in Early China*），紐約州立大學出版社，2007年。

崔美花（Mihwa Choi）:《北宋的喪禮與政治》（Death Rituals and Politics in Northern Song China），牛津大學出版社，2017年。

南愷時（Keith N. Knapp）:《無私的後代：孝子與中古中國的社會秩序》（*Selfless Offspring: Filial Children and the Social Order in Medieval China*），夏威夷大學出版社，2005年。

張聰（Cong Ellen Zhang）:《一門皆孝子：北宋的廬州包氏》（A Family of Filial Exemplars: The Baos of Luzhou），《中國文學與文化》（*Journal of Chinese Literature and Culture*）第4輯，第2期（2017），第360—382頁。

（張　聰）

---

[1] 曾棗莊、劉琳編《全宋文》，上海辭書出版社，2006年，第108冊，第2335卷，第70—71頁。

第十二章

一位處士

魏雄飛（1130—1207）

這篇爲一位没有官職的平民所撰寫的墓志，讓讀者有一種與閱讀有政績的官員的墓志完全不同的感受，而且它還讓我們體會到當時中國農村的生活景象。作者在志末的銘中描繪了一個異常複雜的"處士"形象，并提供了自己多面性的觀察。

導讀：

南宋時期的鄉村生活充滿嶄新而强烈的競争與協作形式。首先，尋求儒家教育和参加科舉考試的人數增加，因爲這些學者意識到哪怕最低層次的成功也能徹底改變他們及家人的社會地位。其次，商業化促使南宋經濟更加繁榮，但與此同時，訴訟因爲商業糾紛的激增也大幅增加。有些郡縣甚至因爲其居民經常互相狀告、難於管理而出名。再次，或許迫於以上壓力，中國的家庭發展出了便於强化宗族關係的新結構。當時的社會精英積極撰寫宗譜，傳閱家庭管理手册，并且撰寫以宗族爲本的儀式指南。得體的葬禮、吊喪和祖先祭祀禮儀尤爲重要。通過表達子女孝道和保持社會族群的凝聚力，這些行爲成爲了強化宗族紐帶的重要手段。

這些儀式組成了更加宏大也尤爲重要的儒家觀念：禮。狹義而言，禮意指恰當地實踐婚葬及季節性祖先祭祀等儀式。廣義而言，禮包含不同代際、性別和社會階層之間互動的規矩，其中包括個人的言辭、打扮乃至食物的外觀。通過嚴格遵從禮，真正的儒家學者及其家人得以區別自身與社會其他族群，并且展示其對中國精英文化的擁護。

在中國，大多數墓志銘是爲有政府官職的人書寫的。但也有作者願意爲其他可敬的人書寫墓志銘，比如有德的女性，傑出的佛家及道家僧侶，以及没有任何官職的人。最後一類墓志銘經常稱逝者爲處士。由於缺乏關於官職、功勛及備忘録等材料，作者往往從別處尋找贊美逝者的理由。處士可能因爲諸多原因而被歌頌，比如其儒學造詣，對人慷慨，糾紛調解的能力，或者盡孝道，逝者也可能單純是因與眾不同的個性而令人印象深刻，使得廣受尊敬的人爲他撰寫墓志銘。作者有時通過親戚或鄰里關係而認識逝者，有時則與逝者素未謀面。關於逝者的描述難免千篇一律，但偶爾也會包含一些生活軼事。在這些軼事中，逝者常與其鄰居產生強烈對比，後者可能展現出懶惰、貪婪、好爭辯的缺點，甚至有些會從事佛教活動。總之，相比起仕途坦蕩的成功人士，爲處士而作的墓志銘可以爲讀者提供關於中國鄉村生活的豐富體驗。

魏了翁（1178—1237），蒲江人（今屬四川西部），是南宋末年最著名的儒學擁躉之一。四川西部在當時是較繁華也頗具文化氣息的地區之一，但距離首都遥遠，通過科舉考試的人也較少。魏了翁在1199年考中進士，一時讓他成爲本地的名人。他最初在四川擔任官職，但後來於1202年被召到首都，最終任職校書郎。魏了翁生性耿直，曾批評朝内頗具權勢的韓侂胄（1152—1207）對金朝的作戰計劃。不久後，魏了翁又與宰相史彌遠（1164—1233）交惡，致使魏在1205年返回四川。在此之後多年，魏了翁都在四川担任本地官職，并因爲大力推行教育和加固軍事防守而廣受贊揚。他還設立了理學書院，吸引了當地不少學者。魏於1222年再次被召回首都，但又因爲批評朝廷内濫用行政權力和宋理宗（1224—1265）繼位一事（霅川之變）再次樹敵，導致他再次被貶職到靖州（今貴州靖縣）。直到史彌遠過世，魏纔得以於1233年再次返回首都，并留在那裏直到他去世。魏了翁去世後，留下大量他所收藏的南宋末年文學作品，還包括他自己收集的對儒學經典的議論作品。正如不少其他南宋的理學家，魏的仕途頗爲坎坷，但最終因其學術成就而被人銘記。

魏了翁著有上百部墓志銘。他爲魏雄飛撰寫的墓志銘大約完成於1210年後半年。當時他在眉州任職，眉州與邛州接壤，而邛州既是魏家祖籍的所在地，又是魏雄飛去世的地點。在魏了翁任職於四川期間，他曾爲不少親屬撰寫墓志銘。與其他親屬不同，魏雄飛的墓志銘沒有明確闡明他與作者的親屬關係。根据該文所述，魏雄飛去世於1207年，但他的親屬直到三年後纔將他下葬。相同地，魏了翁的祖母也是在幾年後纔被魏家下葬，但魏在爲她撰寫的墓志銘中爲此做出了風水學相關的解釋。但對於魏雄飛，魏了翁沒有給出任何解釋。

魏雄飛的墓志銘在幾處值得注意，并引發我們對於墓志銘這個文體的思考。首先，魏了翁常先在墓志銘的開頭提到逝者，有時他也會詳細講述他與逝者如何相識，或者對當時的歷史背景給出相關介紹。但魏雄飛的墓志銘却大不相同。首先，在這篇墓志銘裏，魏了翁以引用《漢書》的一傳爲開篇，這篇文章寫於一千年前，而且與魏家毫無關係。其次，當墓志銘終於進入正題時，作者展現了一個關於魏雄飛生活圖景的大雜燴，爲讀者呈現出一幅頗爲複雜的景象。一方面魏雄飛工作刻苦，十分顧家，而且樂於觀察和學習行善事。另一方面他好與人爭論，交友不慎，這違反了孔子"無友不如己者"的教誨。魏雄飛的這點缺陷讓魏了翁十分困擾，這也是爲什麼後者以一段相似的漢代歷史記録作爲開篇，并在後來又回到這一點上。魏了翁還表示他起初并不想爲魏雄飛寫墓志銘，而是在魏雄飛之子向他提及過去重要的墓志銘之後纔勉强同意。有些作者這樣推托是出於文人的謙虛。但魏雄飛之子所提及的墓志銘中，逝者往往位居高位，這與魏雄飛截然不同，這讓整個事由多少有些前後矛盾。原則上，墓志銘最後的韻律輓歌是全篇最重要的部分。作者通常在這部分將逝者的生平編寫成詩歌或者長篇韻文。但這篇墓志銘裏，輓歌的部分簡短而泛泛，没有涉及任何魏雄飛生平的具體内容。

魏了翁所寫的這篇墓志銘給當代讀者們帶來不少疑問。爲什麽魏雄飛不得不終止研學？他到底經歷了何種變故？究竟何種“困心”導致了他行爲的變化？閲讀佛教書籍是否改變了他？具體來講，魏雄飛到底交往了哪些損友讓魏了翁如此耿耿於懷，以至於後者特别要在墓志銘中提及此事？爲什麽魏了翁要尤其澄清自己是迫於親戚壓力纔著此墓志銘？不論魏雄飛有何過錯，他畢竟是魏家先人，理應受到祭祀，這讓魏了翁的不情不願顯得有些蹊蹺。還有，魏了翁爲何要引用與魏雄飛毫不相同的著名學者官員的著作？雖然很多墓志銘都給後人留下不少謎團，魏雄飛的這篇却顯得與衆不同。這篇墓志銘明確告訴我們，不論當時對該文體有何種限制，有些作者會不拘泥於這些限制，在書寫中選擇自己認爲適合的形式。

志文：

處士魏君雄飛墓志銘

魏了翁

　　漢原巨先豪于谷口，人無賢不肖闐門。或譏之曰："子本吏二千石之世，結髮自修，何遂自縱放爲輕俠之徒乎！"巨先亡以應，則托諸家人寡婦以況己，且曰知其非禮，然不能自還。嗚呼斯言，奚無理之至也。士方爲血氣所役，倀倀於外，特患於未之知焉耳，知之斯速已之，顧安有不能自還者邪！

　　吾族祖仲舉諱雄飛，少亦以氣蓋里中，雖嘗束書從臨邛李靜一純粹游，會離家難，不克卒業。寓邛之南道，其地號曲路，居民鮮少，生理寡薄，農耕賈鬻，銖衰氂積，堇堇給伏臘。

　　君故蒲江徙，久而從其俗，買酒舍，召庸保雜作，盱衡抵掌，見事風生，有小不便必以控于守宰，不得其平不已。逮閱變既久，困心衡慮，於是卷束豪銳以從其所當事者，振施鄉鄰，輯柔宗姻，歲大祲，嘗發粟以食餓者，其不幸而麗于法，又爲訟其冤，迄於全活。族孫有少孤者，三出橐莇，君聚族而賻之，其楄柎窀穸之事悉爲經理焉。

　　晚尤喜釋氏書，庬眉鳩杖，頽然終日，語不及家事，聞人之善則亟稱之不翅己出。余叔父仲祥甫及余預賓薦，躋科級，君喜至忘食，以是益勉子孫以善。其深自繩削，求爲篤厚之歸，乃至若此。然則不能自還於禮如原巨先之去者，其賢不肖固不待論而判矣。

年七十有八，以開禧三年七月丙子終于家。曾大父某，大父某，父某，妣某氏，配同里王氏。淳熙四年七月壬寅卒。生三子男：巳之、巽之、申之。女長適郭宜孫，次文圭，次張由禮。內外孫男女十人。

巳之將以嘉定三年十月□日葬君、夫人于縣之欽德鄉曠義里震山。先事，屬銘於某，藐然心制，謝不能文。則曰："柳柳州嘗表陸元冲，歐陽文忠嘗銘杜偉長，凡皆推己之哀以致諸人，矧在宗族，子何辭焉？"乃摭幼所逮聞於諸父者而敘次之，復系之銘曰：

悠悠浮驂，載馳載驅。惟君復之，說于桑榆。侯田侯廬，我耕我居。侯黍侯稌，我湑我酤。荒是南道，爰啓厥初。根膏實腴，後嗣之須。[1]

延伸閱讀：

伊沛霞（Patricia Buckley Ebrey）：《宋代的家庭與財產：袁采的〈袁氏世範〉》（*Family and Property in Sung China: Yüan Ts'ai's* Precepts for Social Life），普林斯頓大學出版社，1984年。

---

[1] 曾棗莊、劉琳編《全宋文》，上海辭書出版社，2006年，第311册，第7112卷，第92—93頁。

艾朗諾（Ronald C. Egan）:《歐陽修的文學作品》（*The Literary Works of Ou-yang Hsiu*），劍橋大學出版社，1984年。

何復平（Mark Halperin）:《廟宇之外：宋代士人佛教觀，960—1279》（*Out of the Cloister: Literati Perspectives on Buddhism in Sung China, 960—1279*），哈佛大學亞洲中心，2006年。

馬伯良（Brian E. McKnight）、劉子健（James T.C. Liu）譯：《名公書判清明集》（*The Enlightened Judgments Ch'ing-ming Chi: The Sung Dynasty Collection*），紐約州立大學出版社，1999年。

（何復平 [Mark Halperin]）

第十三章

婚姻關係中的妻子與長輩

郗一龍（1204—1255）
郗妙莊（1230—1257）

這兩篇墓志銘的特別之處在於，它們讓我們得以
管窺宋代學者與其家庭的情感和私人生活。除了
提供關於作者姚勉婚姻生活的細節、他兩任夫人
的文學才華和思想、他與岳父母的家庭等資訊以
外，這兩篇文章還如實反映了他自身的性格以及
他筆下人物的性格。

導讀：

在帝制時期的中國，家庭和親屬關係是社會生活的
重要方面。儘管儒家學說重視父系親屬，然而實際情況
是，母系親屬對個人與家庭的前程也至關重要。岳父能
夠點撥甚至提拔女婿。而對於岳父而言，一個才華橫溢
的女婿不僅能夠保證他女兒和他外孫、外孫女的生活，
而且是他兒子以及孫輩的重要助力。同時，因爲中國的
女性婚後一般從夫居，和丈夫的父母居住在一起，那麼

一個好兒媳就有助於家庭和諧、管理家庭和養育兒女。基於以上這些原因，中國的父母會慎重選擇自己孩子的婚姻伴侶。

這裏介紹的兩篇墓志銘正説明了這一點。它們都是由宋代末期入仕的學者姚勉（1216—1262）所撰，記錄了他的岳父鄒一龍，以及相繼成爲自己兩任妻子的鄒妙善（1228—1249）、鄒妙莊（1230—1257）姐妹。兩篇墓志銘都特別提到了鄒一龍因爲姚勉的面相而堅信姚勉仕途能夠成功。

這兩篇墓志銘也細緻描述了兩個大家庭的環境，同時也介紹了兩任妻子的性格、文學才華與思想。一般來説，墓志銘是我們瞭解女性與家庭生活最好的資料來源之一，而姚勉異常的誠實態度又讓他的兩篇墓志銘極具史料價值。最後，這兩篇墓志銘也從側面反映了姚勉自己的性格特點：他對自己才華的自信，對功名的渴望，對鬼神志怪的着迷，和他去理解自身所處的將頹之世的掙扎。總之，姚勉的兩篇墓志銘讓我們得以管窺宋代學者及其家庭的私人感情生活。

姚勉，號雪坡，他的一生傳奇而悲情。1216年，他生於一個没落的文人家庭。姚勉的兩名先祖在十二世紀早期通過科舉考試獲得了功名，但接下來的一個世紀裏這個家族没有獲得功名的記載。姚勉的父親是庶子，過着地方鄉紳的生活。姚勉自身受過良好的教育，但是他的著作（包括他爲岳父鄒一龍寫的墓志銘）都强調了自己家庭的窘迫潦倒。姚勉15歲就參加了地方的解試，但是直至1253年（寶祐元年）他37歲的時候才在廷對中名列第一。然而科舉獲得第一後不到一個月，他的父親就去世了，根據丁憂的律法，父母去世後的三年內，兒子不能出仕，因而姚勉在此後三年也未能出仕。直至1256年丁憂結束，姚勉年已40歲，終於可以出仕。但是在他抵達宮廷接受官職之前，一場激烈的黨爭事件又促使他辭去官職。直至1260年，他再次獲封官職，然而僅僅八個月之後他因獲罪于當權派而再次被罷黜。這次丟官返鄉之後僅兩年之內，1262年，他就因病去世。

除了姚勉所作墓志銘，我們對其妻家，即（江西）豐城鄒氏家族知之甚少。但是姚勉介紹了（在兩篇墓志銘中着墨甚多）鄒家與豐城更顯赫的李家是姻親。姚勉兩任妻子的外祖父李恕己曾任縣官，而李恕己的哥哥李修己曾任朝廷的中級官員。李修己的兒子李義山（即姚勉岳母的堂兄弟）甚至官拜提點淮東刑獄使。由此我們可以推論，鄒家儘管沒有人獲取功名，但仍然（或説曾經一度）富甲一方或者權傾一方，如此纔能與地方有功名的家庭門當户對成爲姻親。

姚勉不僅事業失意，而且家庭也有不幸，這兩者在兩篇墓志銘中都有細緻説明，同時在姚勉的傳記也有不少細節。姚勉也説自己并非良配，當鄒一龍考慮把女兒嫁給他的時候，姚勉已經29歲了，還從未結過婚，這一情況也印證了他自己的説法。儘管姚勉已是有名的文人，他依舊清貧而且未考取功名。資料中記載，姚勉後來的岳父鄒一龍隨着鄰居衆人一起拜訪姚勉的時候，就被他的面相吸引。此後鄒一龍不顧家族成員的反對，堅信姚勉以後一定會成功而且堅持將自己的女兒嫁給了他。幾年以後，儘管姚勉兩次科舉落第，但是在1248年姚勉終於與鄒家聯姻。不幸的是，僅僅一年以後，姚勉的妻子就因生產去世。他們的女兒也在一年以後夭折。姚勉起初提議續娶髮妻的妹妹以延續兩家的姻親關係，但是這一提議被回絕了。直到五年以後姚勉考中進士，鄒一龍纔將小女兒嫁給姚勉。但是根據姚勉的描述，鄒一龍因爲相信姚勉能考中，所以在這五年間并沒有給小女兒安排其他婚事。在那時，成爲一名狀元讓姚勉在婚姻市場上身價倍增。這時姚勉仍堅持與鄒家的聯姻，在姚勉的筆下，這是自己恪守承諾的表現，而自己恪守承諾是爲了回報岳父對自己科舉成功的信心。

姚勉本該是在考中以後當年就結婚的，但是姚勉的父親在當年的秋天病逝，所以他與鄒家女兒的婚事被延遲至1256年初。（讓人奇怪的是，儘管姚勉試圖掩蓋，但是事實是鄒一龍在婚禮舉行前僅三個月就去世了。而按照禮儀，鄒一龍的女兒應該服喪一整年。）和第一段婚姻相似，姚勉的第二段婚姻也是不幸的：就如她姐姐一樣，姚勉的第二任妻子也在成婚僅僅一年以後同樣因生產去世，而這次生產只留下了一個男孩死胎。

除了關於姚勉生活經歷的一些細節，這兩篇墓志銘的特別之處還在於人物刻畫。姚勉岳父的墓志銘的主旨在於突出鄒一龍的知人之能，特別是他對姚勉才華毫不動搖的信心。這一主旨不僅貫穿了墓志銘全文，也主導了墓志銘末尾處的挽歌。墓志銘對鄒一龍熱心贊助文化與文人的描述也強調了這個主旨。文中描述他對文人的倒屣相迎、慷慨款待和厚禮相贈。他爲自己的兒子們延聘西席而且專注聆聽他們的講解。雖然他沒有直接說，姚勉已在文中暗示了鄒一龍款待文人的花費超過了他的承受能力。他承認其他人會笑鄒一龍揮霍無度以致入不敷出。而鄒一龍未能給自己的兩個兒子與一個未出嫁的女兒安排婚事也側面説明鄒家的入不敷出。儘管姚勉藉口鄒一龍對於挑選兒媳與女婿十分謹慎，思慮再三，但此事也可能反映了鄒家的敗落。

姚勉爲第二任妻子鄒妙莊寫的墓志銘也提供了很多細節，不僅有關於妙莊的細節，還提及了他的第一任太太妙善。這篇墓志銘裏包含了女性墓志銘裏所有的常見修辭手法：妙善安貧樂道，孝敬父母，通《論語》和《孟子》；妙莊恭敬恪守祭祀事宜，待人接物不卑不亢，進退有度，將妾室的孩子視如己出。兩任妻子都支持姚勉的學業，勤懇操持家庭，用自己的嫁妝補貼姚家。可是，除了這些常見的描寫以外，這樣罕見的丈夫給妻子寫的墓志銘也能讓我們瞭解更多的私人交往資訊。姚勉強調了兩任妻子的文學才華，包括她們作詩的能力。但是姚勉會小心地證明他的兩任妻子都對作詩一事非常謹慎，因爲此事被很多人認爲是藝妓們在勾欄瓦舍中施展的手段而已。姚勉以別號來稱呼他的兩任妻子，他稱呼妙善爲“竹堂”，稱呼妙莊爲“梅莊”。姚勉還講到一件往事，他曾經給妙善的弟弟出了一句五言來作對，妙善立刻想起一句絕妙而逗趣的五言來對。他還生動描繪了妙莊在山頂題了一首七言絕句的場景，并將此絕句摘錄。他注意到妙莊熱衷山水，他倆曾經一起出門欣賞美景。姚勉曾許諾帶妙莊一起去廬山游玩，然而妙莊來不及去就殞身了。姚勉也贊美妙莊對富貴毫不在意。他辭去官職時，她樂意地説：“妾願爲賢人妻，不願徒爲貴人妻也。”他還記下了妙莊如何將黃金珍珠髮飾換成了平常裝飾。

姚勉對於兩任妻子的描述也告訴了我們一些在墓志銘裏很少出現的家庭交往資訊。他強調了妙莊并沒有設立一個有別於其他家庭成員的獨立厨房，這一描述暗示了作爲官員的新身份會使一般人想和他們的兄弟分家。他寫道，妙莊寧可和妯娌共飲酒，也不和他共飲。他還説到在妙善死後，他的一個妾室生了一個兒子，於是他把這個兒子立爲嫡子。而妙莊不僅將這個兒子當成自己的兒子一樣撫養，而且許諾將自己腹中未出生的孩子過繼給沒有子息的姚勉的大哥，姚勉因此對妙莊感激非常。最後，姚勉還記述了一件事，在他即將赴任的時候，妙莊堅持“子且仕矣”，他們夫婦就應該張羅他弟弟妹妹的婚事和她父親、祖父的遷葬事宜。讀者就會瞭解到，因爲姚勉新的職位給家裏帶來了新的收入，他們纔能承擔這一系列原本不能承擔的禮儀事項。

然而，不論這兩篇墓志銘揭露了多少社交與家庭生活細節，它們更能展現的是姚勉本人的性格與癖好。它們顯示了姚勉對自己才華的自信或者説傲慢。姚勉强調岳父知人之能，聲稱通過自己的贊揚，岳父和兩任妻子纔得以爲後人所知而不朽。姚勉的這些敘述其實都在側面展現自己的才華。這兩篇墓志銘也揭示了姚勉對讖語與預兆的癡迷。由於姚勉第一任妻子去世那天正是第二任妻子的生日，姚勉認爲這兩姐妹是"一人而二其生"。而兩任妻子都是在嫁給他一年左右同樣因爲生產去世的，這個巧合更是加固了姚勉的看法。他對於預言的癡迷還體現在他認真對待妙莊隱晦的臨終遺言，妙莊臨終前仍告誡姚勉不要出仕。最後，墓志銘還體現了姚勉傲慢的態度之下隱藏的不安心態和内心的防備。這種不安體現在他出於自己認爲的"義"而堅持與鄒家聯姻。（在第二任妻子去世之後，姚勉立下誓言不再續娶，他與鄒家的姻親關係得以繼續保持。）姚勉在妻子墓志銘的最後幾句表面上是闡述他自己的道德原則，却更明顯地體現了他自己的不安："使某比之匪人，苟不義富貴，爲世所笑罵，以此易彼，不惟外舅不欲，二婦亦不欲也。"

志文：

豐城鄒君墓志銘

姚　勉

寶祐四年十月

　　始某未第時，家徒四壁立，讀書聲與腹雷并作。過之者弗睨也，孰有以子妻之者。乙巳冬十月，忽晨有數客至，出延之坐，不知中一人乃鄒君也。去數日，媒以書來曰："豐城鄒君有息女，不肯與凡子。擇名士，欲以爲婿。昔者微往，見子則大喜，以爲毋論其文，在相法亦當富貴，決意婿子。或有短之者曰：'姚雖儒，貧也。屋數間且破，瓦不覆椽，日與天日相覷。風旁雨上，何以處君女？'鄒君笑之曰：'之人也，雖無屋，可婿，況猶有椽乎。求士詔近矣，之人且舉且第。'鄒君之意如此，子以爲何如？"

　　時先君子聞此言，大賢之，即許諾。明年丙午，某試鄉舉不中選，丁未游太學，復不遇。人皆笑鄒君大誤，君不之改。戊申，某始受室。己酉，不幸先室人即世。笑鄒君誤者哄矣，君亦不之顧。又五年癸丑，某始以集英廷唱賜進士第一人。時鄒君則留次女未嫁，俟某之成名而繼之婚。某亦感君之知己也，罔敢背德義，遂繼好。前笑者方止，咸服君有知人之見。某方竊禄斗升，亦願奉兩家翁宦游四方樂也。嗚呼，豈料某不孝不天，至自京僅一月，先君子棄我，不兩年，婦翁又棄我乎！大德不報，哀哀靡忘，不爲之銘，是没其素。

君諱一龍，字伯驤，世爲豫章豐城東湖人，後徙鄒舍。曾祖某，祖某，父某，皆有德而隱。君和易謙厚，質直謹信。少厲於學，事親孝，爲兄友，田疇室屋皆擇取下者，而以華腴讓其弟。在鄉里，雖田夫野老，待之一以禮。與物無忤，好善急義，每損己濟人。婣黨間嘗有困於訟者，君質田拯援之，後竟不償貸，君亦不問也。

有橫逆必自反，犯而不校，然剛腸嫉惡，有悖於理道者，未嘗與之坐，視之如仇，雖請召弗往。及儒士至，則愛之如父母，倒屣迎御，挽留繼日，燕觴娱樂，去則餽之賑。他人之門可羅雀，而君門外，日有長者車轍。性不嗜酒，惟喜醖旨以飲客。歲所收僅足厨傳，家無贏財，人皆笑君不事産業，務儲峙，君則亦鄙其奴事錢粟也。

喜教子，擇名師館之，日夕偕寝食，鏗然夜誦，率至明發。君坐其間聽之，不翅彈絲吹竹之樂，未嘗有欠伸態。好儒嗜書，蓋天性如此。女不肯泛嫁，子亦不肯輕娶，以是没之日，二子皆未婚，幼女亦未適。

始娶陳氏，早卒，再娶李氏，竹林先生之孫，武岡宰恕己之女，今提點淮東刑獄使者、宗正丞義山之從女兄也，前君二十年卒。某之婦及君長子則其出。三娶周氏，皆儒族。

君生於嘉泰甲子之七月辛巳，没以寶祐乙卯之十有一月甲午，僅年五十有二。初苦痔，繼以喘，知弗可療，乃却藥不御。將屬纊，語不及私，惟戒子讀書，屬某與師以改葬其父及教子而已。餘問者皆弗答，麾家人使去，曰：「吾不死婦人手。」沐頮已，正枕衾，逝于正寢。聞者皆悼嘆。於虖！如君者，當求之古人也，今人蓋不多見。犯姍笑，擇寒士爲子婿，一不止，又繼之。雖不獲饗有其報，其事則可書矣。天雖不假之壽，歿而有稱，即壽也。況所積者遐，其後必昌歟。

有子二，成大、可大。女子子三，妙善、妙莊，則婿某者也，妙端在室。歲丙辰，君歿且期年矣。宅兆未協卜，某誤恩得召，雖以禄養弗及不忍仕辭，亦念君未葬，不敢負所托。改外太舅葬，既有遠日，十月庚申，迺克相二孤奉襄事，葬君于歸德鄉之栗田，附先墓，且樂丘也。碣之阡以詔後。銘曰：

嗚呼鄒君室此區，其生之年雅好儒。教子以經志勤渠，擇婿一事最可書。若此婿者世豈無，識之未遇則罕如。天嗇其年人所吁，積善之慶必有餘。山中峩峩墓之廬，過賢者墓當下車。[1]

梅莊夫人墓志銘

姚　勉
寶祐六年三月

梅莊夫人鄒氏，諱妙莊，字美文，豐城縣興仁鄉鄒

---

[1] 曾棗莊、劉琳編《全宋文》，上海辭書出版社，2006年，第352冊，第8143卷，第145—147頁。

舍里人，高安雪坡姚某之婦也。曾祖諱某，祖諱某。父春谷先生諱某，字伯驤。母李氏，知武岡恕己之女，邕管安撫修己之猶子，提點淮東刑獄使者義山之從女兄也。某先娶夫人姊諱妙善，字美韶，亦端惠淑順，生紹定戊子十月辛丑朔日之中。九歲失母，克綜家事，育弟妹至成人。年二十有一，歸于某。某時甚寠，無肯妻以子者，外舅獨願女之，家人更諫不聽，卒許嫁。竹堂既歸，能安貧，事某父極孝。解其裝質以贍族親，客至不戒而斃酒具。靜重寡言，通《孝經》《論語》《孟子》，偕某夜讀書，卒不寐達明。某雖貧，竹堂善經紀其家，使至不乏，而逸某以學，族間媩戚甚宜之。不幸近一年，己酉之五月，生女榮，至六月辛丑朔，纔二十日而歿。次年，榮亦殤。

某感念外家知己，不敢忘義，不忍他娶。服既除，求繼好。外族譁然莫之從，夫人蓋亦怒其爲是請者也。獨外舅愛某以心，卒不以夫人他許，間有請婚，卒議不合。越五年癸丑，某對大廷，天子親賜以第一。感念不忍負外舅，復于大人再請盟，外氏方許諾。夫人曰：“是不易交易妻者。”亦可之，將以是冬娶。會十有一月，先君棄諸孤，不果。丙辰二月，乃克親迎。

夫人賢猶竹堂，而又明敏英悟，動率禮法。自以不逮養舅姑，四仲月恪恭祀事，事尊者甚禮，撫卑者甚恩。先室無子，沒後妾黃生子元夫，告廟立而嫡之。夫人歸，愛元夫真若姊之子與己之子，縫組裘履不少懈。自訓之書，謂外舅婿儒，政爲教子地，延名師某家，誨其二弟，就俾元夫學焉。

室不置私庖，有杯酒必與妯娌同飲，而使某外飲兄弟賓客，蓋未嘗夫婦自親瓶罍也。義理相扶，有過必救。某間怒臧獲，必警曰「懲忿窒慾」，稍起私念，必警曰「克己復禮」，朝夕多賴其益。好善喜義，輕財周急。初歸時，某從妹及庶弟皆未婚，夫人曰：「子且仕矣，不可有未了婚嫁。」汲汲擇姻。聞梧州趙司理孤女賢，聘爲叔姒，而以從妹歸進士龔三德。是年五月，某得越幕。七月，誤恩蒙召，辭弗俞。九月，除某秘書省正字。夫人曰：「毋急進，姑了吾事。」必婚嫁予弟妹，葬遷其父祖。十有一月末，乃行。婚喪凡四，而兩三月爲之治辦整如，略不見難色，送迎資聘，大抵皆其衣珥，無所惜也。既偕某入京，至中途，三學上書言事，士皆以罪逐，纍纍滿道，參相久軒先生且去國。某駭所聞見。憂得疾，不欲往，然恐傷夫人從仕意，進退維谷，未有攸處。夫人曰：「人之出處，如魚飲水，冷暖自知，尚何疑乎！臣受君恩，有過則諫。諫而不聽，則去。毋以妾故。苟以直言得罪，願同謫嶺海，死不悔。妾願爲賢人妻，不願徒爲貴人妻也。」某甚壯其言。

時方有輕去重竄之戒，某恐至國不得言，越職言且得罪，言而去，罪必重。夫人娠月已深，某不忍以遠竄累，乃援老泉蘇公例，辭召上封事，且與丞相以書，買舟自信江徑歸。夫人喜，即日屏金珠首飾，遣人市鍛石簪插之。某問其故，笑答曰：「荆釵布裙，入山之服當爾。"某益欽嘆其勇。

丁巳正月，歸至家，戒某杜門謝客，一意讀書。初出，以家事託某從兄嫂。歸日，一仍其舊，率弟姒以聽，雖羹藜飯糗，一室如春。閨門方蕭蕭有度，三月，而夫人死矣。

先是，某長兄死，無子，族昭穆無宜當者，尚未有以嗣。夫人謂："幸有娠，女也自育之，男也以爲伯後，元夫即吾之子矣。"嗚呼！斯言也，可以感天地及吾祖宗矣，乃竟以此死。三月望之前一日臨蓐，果生子，但已死。復越七日丙午，夫人遂亡。病且亟，猶命工縫以衣元夫。某至今命元夫無敢衣之，笥藏以識母德。死之日，猶戒某勿輕出，再三誦"猶吾大夫崔子也"一句，不能曉其意，問之不答。嗚呼，其有所爲也夫！夫人爲李氏甥，李氏學自文公先生來。且熟聞彭夫人相後林先生家法度，務則而行之。日讀《論語》《孟子》數篇，間喜觀唐絕句詩，尤愛誦文公先生《武夷山十詠》，宛轉高下其聲以歌之，而不喜世所謂樂府。姊妹皆能詩，然皆不肯作，曰："非女子事也。"竹堂存時，見某教其幼弟屬五言對，以"兩岸綠楊風"命之，竹堂以"八磚紅藥日"對，意以屬某也，某大駭其能。梅莊與某過信之月巖，愛其奇，領姬御翩翩登之，某在後望之如仙。直至巖所，命筆識歲月，題一絕云："半壁行天柱倚空，人間有此廣寒宮。從今真似天邊月，曾得嫦娥到此中。"自擇風雨不及處題之。不因此題，某亦莫知其能詩也。其深靜皆如此。厥後某索其倡賡，輒不可。

性喜山水，既西舟，曰："雖棄官，不可棄山水。"登溪山堂，飲而去。某復以詩請，曰："此人迹所至之地，安可留婦人姓名於是間。"卒不許。噫！夫人之志，於此亦可觀也。舟過鄱陽湖，聞自是可往廬山，意欣然欲行。某不可，約以秋，而夫人不復秋矣，哀哉！

夫人以庚寅六月辛酉朔日之巳生，與竹堂夫人諱同日。在某家是日元夫為壽，蹙額弗許，常自謂疑與姊一人而二其生，故身死同日。與竹堂貌本異，歸日，舉動言笑，家人皆以為甚類竹堂。且嫁某皆一年，又皆以蓐至大故，是不可曉也。

嗚呼！外舅以夫人姊妹婿某，某亦未能以毫髮報，但以謀嗣續故，累其二女皆早殁。彼蒼者天，何辜如此！福善壽仁，理復安在！外舅擇婿於貧且賤，使其女得同其爵位富貴而居有之，亦足少為好儒者之勸。今其報乃如此，為善者其懼矣。雖然，人有生而如死，亦有死而如生。某生天地間，雖止兩年，有婦二。婦雖皆一年而殁，然而一年之中，百年義在，某誓不負外舅知。且有子元夫，娶決不再矣。俾元夫盡子職以報劬勞，某也益自植立，復植立其二弟，使鄒之門户終顯有光。外舅與二婦，雖死不死，過于生時，是即善之終福，仁之終壽也，亦可以屬薄俗矣。使某比之匪人，苟不義之富貴，為世所罵笑，以此易彼，不惟外舅不欲，二婦亦不欲也。"願賢而不願貴"，梅莊此語，其某也終身之藥石乎。銘吾之心，且以銘墓。墓與竹堂夫人同域，葬以戊午三月壬申。銘曰：

夫婦天理，無古無今。人孰不死，不死者心。姊賢
早亡，妹繼亦逝。天欲觀予，終始斯義。不尚夫貴，願
貴而賢。斯言有味，青史可傳。揭銘于阡，以詔萬古。
永言保之，里二賢女。[1]

延伸閱讀：

柏清韻（Bettine Birge）：《宋元時期的婦女，財産與儒家的回
　　應》(*Women, Property, and Confucian Reaction in Sung and
　　Yüan China*[*960—1368*])，劍橋大學出版社，2002年。

柏文莉（Beverly Jo Bossler）：《妓、妾與貞節觀：中國歷
　　史上的性別與社會轉變，1000—1400》(*Courtesans,
　　Concubines, and the Cult of Female Fidelity: Gender and
　　Social Change in China, 1000—1400*)，哈佛大學亞洲中
　　心，2013年。

伊沛霞（Patricia Buckley Ebrey）：《内闈：宋代婦女的婚姻
　　和生活》(*The Inner Quarters: Marriage and the Lives of
　　Chinese Women in the Sung Period*)，加利福尼亞州大學出
　　版社，1993年。

許曼（Xu Man）：《跨越門閭：宋代福建女性的日常生活》
　　(*Crossing the Gate: Everyday Lives of Women in Song
　　Fujian*[*960—1279*])，紐約州立大學出版社，2016年。

（柏文莉[Beverly Bossler]　文，王楚楚　譯）

――――――――

[1] 曾棗莊、劉琳編《全宋文》，上海辭書出版社，2006年，第352册，
第8143卷，第147—150頁。

第十四章

蒙古統治下的小吏升遷

蘇志道（1261—1320）

蒙古軍征服中國之後，漢族文人的一個養家糊口
之道是擔當衙門小吏。這篇墓誌銘在褒揚死者蘇
志道的品德和能力之外，似乎還旨在說服讀者不
要看不起書吏出身的人。這篇銘文還記錄了漢人
行政管理風格在蒙古境域的延伸。

導讀：

在中國史資料中，我們很少能找到有名有姓的胥
吏。他們的身份不是有地位的官員，他們是這些官員的
下屬。而且，有關胥吏的記載似乎多爲貶抑：他們道德
低下，官員應當對他們保持戒心。他們收賄受賄、敲詐
勒索、欺壓百姓。然而，在政府機構中他們又是不可或
缺的，在大部分政府部門中，胥吏的人數超過了各級官
員的人數。這些衙門小吏不需經歷科考，也不會像品官
那樣被調到外地。

蒙古人在1234年占領華北，隨後又在1279年完成

對中國的征服。他們急需一大批能够爲不懂漢文的蒙古官員處理文書的胥吏。同時，在元代，受過傳統儒家教育的文人能够掙得一官半職的機會很少，在1315恢復科舉考試前尤其如此。因此，在衙門中擔當書吏成了這些文人維持家人生活的途徑之一，同時它也提供了一個可以由此晉升爲品官的微小機會。

這篇墓志中的蘇志道就是這樣一位擔當了幾十年書吏後被提升而進入官僚體制的人。墓志作者虞集（1271—1348）在文中突出地描寫了蘇志道的書吏生涯，并辯解道，蔑視以書吏起家者是不合情理的，因爲"錢穀轉輸期會，工作計最，刑賞伐閱，道里名物，非刀筆簡牘無以記載施行"。

蘇志道的早期生涯大多是在華北度過的，但升任官職後，他曾被調到江南一帶調查白蓮教之亂，此後又被派往蒙古地區考察雪災，平定暴力起義。

蘇志道的家人在其他四份墓志中有記載。我們之所以有這些蘇家的墓志是因爲蘇志道的兒子蘇天爵（1294—1352）在元朝廷中步步高升，他先祖因此而得以追賜官銜，這又成了爲他們撰寫墓志的正當理由。從這些墓志中我們得知，蘇志道并不能記得四代以上的祖先，而他的父親是家族中第一個掙得一官半職的人。

1214年蒙古軍重創河北後，蘇志道的曾祖蘇元老携家逃往開封。十三世紀三十年代早期，當開封岌岌可危之際，蘇元老決定回到他祖先的葬地。這一行程非常驚

吳郡之地廣裹沃衍遠柂崇山峻
嶺拙上人禪居高閑罕事杖屨時
獨手蕗侍郎墨圖于明窗之下以
自托其登臨高遠之意信夫天台
衡岳往來者之良勢也虞集題

虞集書法

險，他們幾度瀕臨死亡，但最終還是到達河北真定，并在當地購置土地。開封被蒙古軍攻陷之際，元老與他的弟弟在兵荒馬亂中與弟弟失散，從此再没有見面。當時，真定百姓經年食不果腹，蘇元老竭盡全力幫助鄉親。他活到86歲，在1276年過世。

蘇元老有一個兒子蘇誠。蘇家逃往開封時，蘇誠纔十二歲。在戰亂中長大的蘇誠自然對兵器和馬術十分嫻熟。雖然當地百姓習慣於逃離地方惡棍，但蘇誠却要直面這些暴徒。墓志材料顯示，他組織了當地的百姓與他們抗爭，從而贏得閭里鄉親的贊譽。由於當地缺乏學堂，蘇誠自己在家給兒子們講課。他的長子蘇榮祖是一個很勤奮的學生，家藏書卷無數，以文才爲當地百姓占卦算命，提供醫療咨詢。他最終謀得一個小官，在真定衙門供職，處理稅務，但不久便爲了照顧年邁的祖父而辭去官職。

這篇墓志的作者虞集是一位聲望極高的學者，共撰有八十九篇墓志。虞集與蘇天爵身處於同一個僚友群，因此，我們可以斷定他所撰寫的墓志是基於蘇天爵所提供的信息。從元代後期的史料中我們得知，元代最有名的書法家之一趙孟頫（1254—1322）曾是虞集所撰碑銘的書家，但是《蘇志道墓志》碑石没有留存下來，似乎也没有拓片流傳。

《蘇志道墓志》反映了漢人的行政管理風格是如何在蒙古境域實行的，這包括了向和林疏運糧食以賑饑荒，向當地的牧民和從內地遷徙至此的農民提供救災措施。蘇志道的賑災成就是漢人行政管理體系的一個好典範。有意思的是，作爲一份反映書吏生涯的史料，《蘇志道墓志》列出了他所從屬的官員的名字，這説明，蘇志道將自己看作是體制中人。可見，深受高官和要官信任的胥吏往往以他們與上司的關係爲豪。

在《蘇志道墓志》中，作者虞集似乎故意回避了一些史實。他提到遷徙至蒙古的漢人以及他們如何成功地適應了當地生活環境，但是他只字不提，是蒙古軍抓獲了這些漢人并逼迫他們北遷的。墓志第一段提到蘇志道在一次暴動之後在和林供職，但這個故事并不完整。很有可能的是，這次暴動有皇室成員的參與，所以虞集没有點明。延祐二年（1315）六月，元仁宗愛育黎拔力八達（1311—1320在位）企圖將皇位傳給自己的兒子而不是回歸到長兄武宗海山（1307—1311在位）的世系，他將自己的侄子（武宗長子）和世㻋遷居到遠離皇權中心的雲南。和世㻋途中經過延安，遇到以前在武宗朝中供職的官員，他們説服他自立爲皇，換言之，篡權暴動。但是這個謀反很不順利，他手下的不少將領紛紛逃亡北方。他們抵達和林後，對當地的破壞很嚴重。和林出土的同時期的一份墓志記載道，這位墓志主的妻子、孩子、眷屬、車輦、衣物、工具、儲糧、牲口都被匪徒們殺光、搶光。

《蘇志道墓志》的結構頗不同尋常。在提到蘇志道去世（1320）後，虞集馬上轉到他在嶺北（大致就是現在的蒙古）的經歷，然後開始講述蘇志道延祐三年（1316）以後的職事。對這一時期的描述占據了整篇墓志的百分之四十。之後，虞集纔列出了蘇志道任職嶺北之前的主要經歷。這段敍述以蘇志道的書吏生涯爲始，其重點是推薦蘇志道的官員以及蘇志道任職的部門，而且略去了具體日期或年份。與其他墓志相同，《蘇志道墓志》以詩句式的銘結尾，但是它的長度似乎遠超過其他墓志。

志文：

嶺北行省左右司郎中蘇公墓碑

虞　集

　　延祐七年二月壬戌，中憲大夫、嶺北等處行中書省左右司郎中蘇公志道子［字］寧父，卒于京師。七日戊辰，子天爵以其喪歸真定。三月乙酉，葬諸縣北新市鄉新城原先塋之次，而刻石以文曰：

　　嶺北行省，治和林，國家創業實始居之，於今京師爲萬里北邊，親王帥重兵以鎮，中書省丞相吏有優秩，兵有厚餉。重利誘商賈，致穀帛用物，輕法以懷其人，數十年來，婚嫁耕植，比於土著。羊牛馬駝之屬［畜］，射獵貿易之利，自金山青稱海，沿邊諸塞，蒙被涵煦，咸安樂富庶，忘戰鬥轉徙之苦久矣。丙辰之冬，關中猝有變。未兩月，遂及和林。守者不知計所從出，人大震恐，并塞奔散，會天大雪，深丈餘，車廬人畜壓没，存者無以自活。走和林，無〔乞〕食或相食，或枕藉以死，日未昃，道無行人。

方是時，除吏率悒怯顧慮辭不往，獨公受命即行。曰："豈臣子避事即安時耶？"既至，曰："事孰急於賑饑者。"

明日，告其長曰："幕府謹治文書，數實錢穀，如前遇事變，無甚費失，上下因爲姦利，取且盡，徒有粟五萬耳。民間粟，石直中統鈔八百貫，安從得食？請急賑之。大人人三斗，幼小六之一。"

即亟請于朝曰："倉儲無幾，民與軍俱天子赤子。賑民饑，將乏軍興。謹儲之，則坐視饑者之死。不得已，饑者急在旦莫，已擅發，願急募富商大家，先致開平沙静附近之粟，別設重購實邊。勿惜一日之費，爲經久慮，幸甚！"

中書省以聞，天子爲遣使護視賑饑，且下令曰："有能致粟和林，以三月至，石與直五伯千。四月至，石與四伯五十千。五月至，又減五十千。至皆即給直。"賈運踵至，不三年，充實如故。乃爲成法，使勾稽考覈，參伍鉗制，以相承吏守之，勿敢易於是。

沿邊諸王，多汎〔泥〕索，公持法一不予。王怒，使人謂公："錢豈爾家物？"公獨曰："有司知給軍事，非軍事誠不敢擅與。且謹惜撙節，非爲己私。王幸察，亦無以爲罪。」皇子安王是之，褒以衣一襲。吳王亦知公徒行，予名馬。公受而傾橐償其價。

和林禁酒法輕，不能止。中書更奏重法，罪至死。令下三日，索得民家酒一缶。趙仲良等五人當坐。省府論如後奏，公持不可，曰：「酒非三日成者，犯在格前，發在格後。當用後法論當坐，猶當用詔書，審復詳讞，乃奏決，無敢擅殺。」衆不可。公獨上其事中書省，刑部如公言，其人皆得不死。

人知公有明決，爭者悉詣公。公曰：「我不得治有司事。」叱遣不去，卒得一言，則皆服而退。

和林既治，事日簡，乃即孔子廟，延寓士之知經者講說，率僚吏往聽，至夜分休。孔子廟，故丞相順德忠獻王所築，未成而王薨，至公始卒其工。朝廷知公功，使者往來必撫問慰勉。監察御史按事至邊，民數百人狀公行事，卓卓者數十，上之御史以聞。而公與同列多異議，代歸，百姓不忍其去。行至京師卒。

公初以吏事爲真定守山西姚公天福所推擇，既知名，轉補山西河東道按察司書吏。

用使者程公思廉薦，爲監察御史書吏，轉户部令史。歷樞密院中書省掾，出官承直郎、中書省檢校官、刑部主事、樞密院斷事府經歷、嶺北省郎中。終始不離吏事，然皆有可稱者。

在真定，從其尹決獄竟，大旱，俄雨。在河東所按問，無自言冤者。在察院，從御史按事遠方，能正色感愧所事令，無敢失職。

在戶部，從禮部侍郎高公昉治白雲宗獄。浙西白雲宗強梁，富人相率出厚貨要權貴，稍依傍釋教，立官府，部署其人煽誘劫持，合其徒數萬，轢轢州縣，爲姦利不法者，能爲明，其詿誤者出之，田廬資賄，當沒入者鉅萬。沒入之良家子女數百，當還民間者，還之。閱二歲，五往返京師，以具獄上。

在樞密院，軍吏子孫當襲官，其貧乏者，至十餘年不得調，悉舉行之。天子使大臣行邊，北方獨以公從。有弓矢、衣鞍之賜。在中書，值尚書省立，威勢赫然，中書掾多從尚書辟，公獨不赴，泊然守局如常。尚書省罷，分鞫其銓選，不法者黜奪，必以理。爲檢校官，得工戶二曹濫出財物數千，收之，得吏曹官資高下失當者數十事，正之。在刑部，能不用上官意出故犯者，能却時宰欲殺盜內府金而獄未具者。能出主盜吏之使盜引良民者，能刪治其條例以便引用者。在樞密斷事府，能辨庶弟之誣其兄、奪其官者。

總計之，蓋未嘗一事苟廢其職者也。然和林之政偉矣！我國家初以干戈平定海內，所尚武力有功之臣，然錢穀轉輸期會，工作計最，刑賞伐閱，道里名物，非刀筆簡牘無以記載施行，而吏始見用，固未遽以他道進仕。

公卿將相，畢出此二者而已。事定，軍將有定秩，而爲政者，吏始專之。於是，天下明敏有材智操略，志在用世之士，不繇是，無以入官。非欲以是名家，趨急用也。而世或專以善持長短深巧，出入文法，用術數便利爲訾病者，殆未盡也。不然，若蘇公者，其可以從吏起家少之哉！

公幼不好弄，寡言笑，不妄交。爲吏視文書，可否奉行，不待請言者。坐曹歸，即闔門，不通問謁。

對妻子，如嚴師友，內外蕭然。好讀書，尤尊信《大學》及陸宣公奏議，未嘗去左右。篤於教子，餘俸輒買書遺之。子亦善學，卒以儒成名，如公志。

公之先，趙之欒城人，再徙真定。曾祖元老。祖誠。考榮。祖以公貴，贈奉直大夫、同知中山府事、飛騎尉、真定縣男。妣吳氏，贈真定縣君。遺事具先塋碑。娶劉氏，封真定縣君，黑軍萬户義之孫，征行百户誠之女。子男一人，天爵也。以國子高第，授從仕郎，大都路薊州判官。治公喪以禮，能不用浮屠者。女三人，適勸農司大使宮天禎。次適張蒙。次適承務郎、河南行省都事何安道，封恭人。孫男曰淵。

於是，公之年纔六十耳。雖久服官，政皆佐人，無所自，遂方鄉用，遽没，君子惜之。銘曰：

有蕭蘇公，執德不回。淵嘿自持，弗耀其材。始時群公，好善己出。執學執耕，匪求乃得。得不以求，氣直而昌。謇謇舒舒，何行弗藏。直道若倨，不利涉世。我篤自信，守以終始。五掾大府，位卑志行。四命于朝，彌光以亨。顉顉和城，興王攸理。控制朔易，何千萬里。國人居之，谷馬雲生。尚莫往來，矧周其情。御史有簡，徒執以書。孰害其人，據義抉除。天子德音，元戎往布。曰爾從我，弓馬錫子。再歷其方，有法有恩。其人識知，捄語孔文。狃安易撓，我際其會。以哺以繪，幕府維最。邊人方懷，公不少留。見用駸駸，而疾不瘳。炎炎弗趨，寂寂弗變。當爲而爲，當辨斯辨。退而能思，閉户深居。制行甚嚴，動本於儒。儒行吏師，庶其在此。有書滿堂，以遺其子。子能習之，亦允蹈之。豈惟宦成，晜公之私。匪源無深，匪流無長。以承以傳，在此幽宮。[1]

延伸閱讀：

約翰·達第斯（John W. Dardess）：《征服者與儒家：元末政治變動諸方面》（*Conquerors and Confucians: Aspects of Political Change in Late Yuan China*），哥倫比亞大學出版社，1973年。

羅依果（Igor de Rachewiltz）、陳學霖（Hok-lam Chan）、蕭啓慶（Hsiao Ch'i-ch'ing）、昌彼得（Peter W. Geier）編：《服務大汗：蒙元早期著名人物》（*In the Service of the Khan: Eminent Personalities of the Early Mongol-Yüan Period*），哈拉索維茨出版社（Harrassowitz），1993年。

蘭德璋（John D. Langlois）：《虞集和他的蒙古君主：學者與辯

---

[1] 李修生編《全元文》，江蘇古籍出版社，2004年，第27册，第882卷，第379—383頁。

護者》(Yu Chi and His Mongol Sovereign: The Scholar as Apologist),《亞洲研究學刊》(*Journal of Asian Studies*) 第38輯，第1期（1978），第99—116頁。

牟復禮（Frederick W. Mote）:《蒙元統治下的中國社會，1215—1368》(Chinese Society under Mongol Rule, 1215—1368), 傅海波（Herbert Franke）、崔瑞德（Denis Twitchett）編，《劍橋中國遼西夏金元史》(*The Cambridge History of China Vol. 6: Alien regimes and Border States, 907—1368*)，劍橋大學出版社，1994年，第616—664頁。

歐大年（Daniel L. Overmyer）:《宋元時期的白雲宗》(The White Cloud Sect in Sung and Yüan China),《哈佛亞洲研究學刊》(*Harvard Journal of Asiatic Studies*) 第42輯，第2期（1982），第615—642頁。

（伊沛霞［Patricia B. Ebrey］　文，姚平　譯）

第十五章

一位奮起保衛帝國的蒙古人

賽因赤答忽（1317—1365）

由於墓主出身於世代從軍的非漢人家族，這方墓
志銘可以作爲研究元代後期華北社會多元文化的
寶貴史料。

導讀：

　　在蒙元帝國的統治下，來自中亞、蒙古草原以及東
北亞的移民大量涌入中國本土。其中，叫做"探馬赤"
的非漢族精銳駐軍成爲了蒙元統治的基石。1990年，在
洛陽市鐵路北站，洛陽市文物工作隊和洛陽市第二文物
工作隊組成的聯合隊發掘了一座元代墓葬，墓主賽因赤
答忽出身於探馬赤家族，其墓志銘記載了該探馬赤家族
從元代初期到末期長達一百多年的歷史，對於元代非漢
人移民家族歷史研究頗有價值。墓志銘記載，賽因赤答
忽"系出蒙古伯也台（即巴牙兀惕人）氏"，其祖先在
十二世紀末已成爲蒙古草原主要集團之一。《蒙古秘史》
記載，有一天朵奔·蔑兒干遇見"巴牙兀惕部"人馬阿

里黑（或爲巴牙兀惕部馬阿里黑氏族的男人），得知其窮困，給了他一支鹿腿。作爲回報，他把自己的孩子給了朵奔·蔑兒干。此後，這個孩子的子孫便世代供役於朵奔·蔑兒干後裔的家中。蒙古帝國成立後，巴牙兀惕部出過歷代大汗的多名駙馬、將軍、高位官員，以及皇后（例如，爲了嫁給伊兒汗國第四任君主阿魯渾［1284—1291在位］，與馬可波羅一起游歷到西亞的闊闊真）。拉施德丁（1249—1318）《史集》記載，爲成吉思汗服務的巴牙兀惕部人的後裔，在伊兒汗國也出過多名高級軍官。雖然缺乏史料根據，有些學者認爲，賽因赤答忽也屬於那些爲成吉思汗服務的將軍後裔的一支。

假如沒有元末戰亂，賽因赤答忽或許會服探馬赤兵役，和平地度過一生。然而，紅巾之亂的爆發徹底改變了他的生活。1351年5月，劉福通（1321—1363）結識了自稱"孔雀明王"、北宋徽宗八世孫的白蓮教領袖韓山童（卒於1351），二人在潁州起兵。韓山童不久便被元軍俘虜并處刑，劉福通仍然統帥白蓮教叛軍，自稱"紅巾軍"，先後攻佔安徽和河南各地州縣。劉福通推戴韓山童之子韓林兒（卒於1366）爲皇帝，國號"宋"。此後，紅巾軍攻下汴梁，進攻陝西、山東、河北。面對紅巾軍全面攻勢，出身於沈丘縣（今屬安徽）乃蠻探馬赤家族的察罕帖木兒（卒於1362，即墓志銘中的"忠獻王"）組織義軍，準備對抗紅巾軍。自己亦組織義軍的賽因赤答忽，帥軍歸附於察罕帖木兒，多次擊退紅巾軍。賽因赤答忽還娶了察罕帖木兒之妹佛兒，生擴廓帖木兒（卒於1375），後來被察罕帖木兒收養。不久，察罕帖木兒成爲元軍主要將領之一，攻破了汴梁，導致紅巾軍陷於內訌。當時著名文人張翥（1287—1368）所撰的賽因赤答忽墓志銘清楚明白地記載了賽因赤答忽的一生，也簡單地記錄了其父祖的功績。墓志銘列舉元軍的赫赫戰功，使讀者以爲紅巾軍最後被元朝徹底打敗。然而衆所周知，事實却并非如此。元軍亦同樣陷於內鬥，同時朱元璋在江南吞併群雄，開始北伐。1368年，明軍攻克大都，元惠宗（順帝）被迫放棄中原。察罕帖木兒被暗殺後，賽因赤答忽的兩個兒子擴廓帖木兒和脫因帖木兒（卒於1388）掌握元軍統帥權，繼續對抗明軍。他們最後的命運爲明代史料所記錄。賽因赤答忽墓志銘記載了有着不同文化背景的人群之間的複雜關係，爲探討元代多元化華北社會提供了十分寶貴的綫索。察罕帖木兒和賽因赤答忽出身於紅巾軍的初期主要策源地（汝州和潁州）。紅巾軍主要由漢人構成，而像察罕帖木兒和賽因赤答忽這樣的當地探馬赤家族則參加了元軍。元代法令禁止漢人持有兵器，構成探馬赤士兵的蒙古、乃蠻、巴牙兀惕、黨項、乞兒吉思、畏兀等外來非漢人族群平時却可以持有兵器。他們世代聯姻，形成了一個社會群體。

志文：

大元故太尉翰林承旨銀青榮禄大夫知制誥
同修國史賽因赤答忽公墓志銘有序

翰林學士承旨榮禄大夫知制誥兼修國史張翥撰
中奉大夫國子祭酒陳祖仁書
集賢大學士光禄大夫滕國公張瑃篆

公諱賽因赤答忽，系出蒙古伯也台氏。其先從世
祖皇帝平河南，因留光州固始縣，遂定居焉。曾祖闊闊
出，贈中奉大夫，陝西行省參知政事、護軍，追封雲中
郡公。祖喜住，贈資善大夫，四川行省左丞、上護軍，
追封雲中郡公。考伯要兀歹，贈榮禄大夫，湖廣行省平
章政事、柱國，追封薊國公。曾祖妣乞咬氏，祖妣伯牙
兀真，皆贈雲中郡夫人。妣完者倫，贈薊國夫人。

公喜讀書，習吏事，有遠略，能騎射，才力過人。
至正辛卯，盜起汝潁，城邑多失守，官將奔潰，悉陷
為賊墟。公乃出己貲具甲械，募丁壯，為義兵，立砦
艾亭，凡出没關隘皆據之，以扼賊。賊知公備嚴，不敢
犯。尋以忠襄王之師來從，討定羅山，授潁息招討千
戶，所彈壓，階忠顯校尉。

歲乙未，大軍平鈞、許、汝州，升招討副萬戶，階
武略將軍。丙申，取孟津、鞏縣、温縣，下滎陽、泗

水、河陰，戰睢亳，俘斬無算，論功升河東道宣慰副使階武德將軍。又從取陝州、平陸、夏縣、盧氏、虢州、靈寶、潼關諸城，擢僉河東道廉訪司事，改奉政大夫，遷同知河東道宣慰司事，階亞中大夫，升河東道廉訪副使。時關陝以西，地要且塞，盜憑爲巢穴。忠襄銳於克復，分諸將犄角進。公當一面，覆華州、華陰、鳳翔、汧陽、隴州，遂擊破南山諸賊，升河東道宣慰使，階中奉大夫。

戊戌，賊首號"掃地王"者，突入晉冀，勢猖獗，公與戰冷水谷，敗之，賊遁去。遷僉河南行樞密院事。汴梁陷於僞小明王韓林兒，建置百官，駐兵自固，有窺取中原意，爲忠襄所破。河南平，以功升公河南行省左丞，階資善大夫，俄升右丞，階資德大夫，轉同知樞密院事，升河南省平章政事，階榮祿大夫。尋爲翰林學士，承旨復拜太尉，仍兼承旨階銀青榮祿大夫。

乙巳正月廿九日，以疾薨於所居之正寢，春秋四十有九。配佛兒乃蠻氏，性嚴有法，閨門咸則。先公五年卒於洛陽，得年□十有□，贈薊國夫人，祔葬焉。

子三人，長擴廓鐵穆邇，生而敏悟，才器異常，幼多疾，忠襄以母舅氏視之如己子，遂養於家。畚從忠襄歷戎馬間，事必屬之，所向皆如志。忠襄薨，詔命總其師，平山東，定雲朔。皇太子撫軍南巡，出入護從，一清京甸，名業克茂，進爲太傅、中書左丞相。

次脫因貼木爾，性溫厚寡欲，見知皇上、皇太子，特授中奉大夫、渤海參政。次耐驢。幼女一人，觀音奴在室。

　　墓在北邙之原，葬以十一月□日。嗟乎！時方多艱，人才思自奮，鄉之褐衣圍帶，浮沉里閭，即後之錫弓建纛，良牧守，名將帥也。由其無所試，雖韓彭絳灌亦一介士。及既試，則風飛霆奔，抵掌顧笑，志在萬里外。天欲試之，必始仰之，而實將以爲世用也。若太尉公，夫豈適然也哉。乃系以銘曰：

　　堂堂皇朝統萬方，孰敢不享不來王。彼妖假魔乃肆狂，如封豕婪鴟角張。公時起義師武揚，推鋒被羽勇莫抗。西自晉陝南宋梁，往斫肭髀扼厥吭。錄多陟爵爛其光，穹隆堂封茲充臧，後其紹之親銘章。[1]

延伸閱讀：

托馬斯·艾倫（Thomas T. Allen）：《蒙古時代的歐亞文化與征服》（*Culture and Conquest in Mongol Eurasia*），劍橋大學出版社，2001年。

魯文·阿米太（Reuven Amitai）：《蒙古人、土耳其人及其他：歐亞游牧民族和定居社會》（*Mongols, Turks, and Others: Eurasian Nomads and the Sedentary World*），博睿學術出版社（Brill），2004年。

彭曉燕（Michal Biran）：《異族統治時期》（Periods of Non-Han

---

[1]　羅火金《元代賽因赤答忽墓志考》，《文學世界》2004年第4期，第20頁。

Rule），收於宋怡明（Michael Szonyi）編，《中國史概論》（*A Companion to Chinese History*），Wiley Blackwell 出版社，2017年，第129—142頁。

飯山知保（Tomoyasu Iiyama）：《一個唐古特家庭的集體契約與儀式，1350至今》（*A Tangut Family's Community Compact and Rituals: Aspects of the Society of North China, ca.1350 to the Present*），《亞洲專刊》（*Asia Major*）第27輯，第1期（2014），第99—138頁。

（飯山知保）

第十六章

儒　商

程惟清（1531—1588）

明末商品經濟的發展導致商人階層的興起和原有
社會等級之間——尤其是士人與商人之間——邊
界的模糊。這種現象在富商輩出的江南徽州府最
爲顯著。在這篇墓志銘中，明代大文豪王世貞揮
毫盛贊的就是這樣一個徽商。

導讀：

　　自漢代以來，儒家正統便將勞心圖治的士大夫
列於四民之首，而將趨利求財的商人貶底到社會最底
層。所以歷朝歷代士人和商人之間的高低貴賤分得很
清楚。但是到了明末（大約自十六世紀初開始），這
兩個階層之間的接觸却日漸增多，而其界限也開始變
得越來越模糊。在這種情況下，士大夫們開始爲商
人提筆作傳，從而留下了大量的商人傳記資料。下
面這篇墓志銘，就是由明末文壇領袖并曾在朝中身
居高位的王世貞爲一個“布衣”身份的徽商程惟清

所作的。

　　士人和商人之間的關係發生如此巨大的變化，其原因有很多。其中最重要的，應該是明末經濟的商品化與市場化。商品貿易在中國的經濟生活中很早就出現，但是從十六世紀開始的商品化和市場化卻比以往的更加深廣。不僅昂貴的奢侈品，而且低價大宗的消費品如糧食、棉花、布匹等都進入長途貿易。舉一個具體的例子。長江三角洲的江南地區在宋代已經是重要的產糧區，所謂"蘇湖熟，天下足"之說，就是描述這一帶的豐足。但是到了明末，因爲大量種植經濟作物（如木棉），長江三角洲地區變成了糧食輸入地區，需要從長江中游地區運糧維持。而本地的經濟作物及手工業產品（如棉布）則銷往全國各地。

　　正如在同時代的西歐一樣，明末中國經濟的商品化和市場化爲人們通過市場謀利提供了良機。很快，新興的富裕階層（即商人）開始出現，并且力圖和舊有的精英階層（即士人）分享諸如社會地位、體面、影響等這些象徵性的資源。這個現象也和西歐諸國的經歷相似。但是在明末（和清初的）中國，"新貴"和"舊家"之間互動的方式與西歐略有不同。在中國，潛在的競爭最終變成了所謂的"士商合流"：商人一般情況下多少受過一些教育，有的甚至在從商之前也曾"業儒"，所以他們經常能够結交文人士大夫，并且襄助學術，促進才藝。[1]

在明清時代，并没有真正法律意義上的世代相替的貴族。通過科舉進入仕途從而躋身精英行列的攀升路徑基本上向整個社會開放。這給很多人提供了機會，但也使得科舉考試競争越來越激烈。在這種大形勢之下，很多家庭爲了最大可能地確保其已有的社會地位或取得更高的社會地位，常常采取比較穩妥的辦法，讓諸兄弟子侄中的一人或數人走科舉應試的道路，其餘的則走包括經商在内的"治生"之路。這樣，科舉的"正路"没有荒廢，但是即使舉業不成，也不至於生計落空；同時"治生"得來的財富也可以資助舉業。所以明末以來中國社會就經常看到士人和商人同出一門的現象。明末爲商人張目最爲大膽，以"良賈何負鴻儒"一語著稱的汪道昆，就是出自一個商人家庭。汪的祖父和父親都是鹽商。但汪道昆自己却在得中進士之後成爲一個頗有建

---

[1] 有關"士商合流"的論述，參看余英時《中國近世宗教倫理與商人精神》，收入余氏著《士與中國文化》，上海人民出版社，1987年，第441—579頁；余英時《商業文化與中國傳統》(Business Culture and Chinese Traditions —— Toward a Study of the Evolvement of Merchant Culture in Chinese History)，收入王庚五主編《變動香港：商業與文化》(Dynamic Hongkong: Business and Culture)，香港大學亞洲研究中心，1997年；周啓榮(Kai-Wing Chow)《早期近代中國的出版、文化與權力》(Publishing, Culture, and Power in Early Modern China)，斯坦福大學出版社，2004年。對於士商合流説的質疑，參考安東籬(Antonia Finnane)《説揚州》(Speaking of Yangzhou: A Chinese City, 1550—1850)，哈佛大學出版社，2004年，第264頁。

樹的官員。正是在諸如此類的人物和事件中，明末經濟的商業化、市場化最終導致了社會階層界限的模糊。但是，另一方面，商人日漸積聚的財富和張揚的作風也使得士大夫中的"舊家大族"因爲讀書人尊嚴掃地、社會風氣日漸浮華，以及新貴階層品味低俗等這些問題産生很大的恐慌。

但是在社會倫理和道德觀念諸問題上，明末商人的興起對既有的秩序并未形成任何真正的挑戰。儒家士大夫歷來宣講的信念和提倡的美德，比如孝道、宗族、禮數等，都被新興的商人階層完全接受并身體力行。對於一個商人最高的評價，就是他行事舉止更像個儒者。於是便有了明末史料中隨處可見的"儒商""亦賈亦儒"這樣的字句。在商人傳記史料中常見的一個對商人的尊稱是"處士"。而"處士"一詞原意是指賦閑在家未入仕的士大夫。從職業生涯的比較來看，"業儒"毫無疑問要比"業賈"更令人向往。所以在商人傳記史料中，商人在萬般無奈棄儒經商的時刻，總是帶着失望與悔恨。這也解釋了爲什麼史料中所見的商人總是表現出對士大夫及其品性的崇敬。

如果一個商人想用經商所得的財富作善事，那首選的善途莫過於幫助有需要的同宗，或者在一個更大的規模上致力於本族的宗族建設。由父系的同宗族人組織而成的宗族是中國明清時代最重要的社會組織。自宋代以來，在理學影響之下，宗族建設就已經是士大夫從地方入手改造社會的重要着力之處。宗族建設的倫理根基、具體實施辦法，以及在現實社會中的意義等問題都在理學著述中得到系統的論述。比如理學大師朱熹，對於同宗兄弟子侄應該一起祭祖，通過共同的家禮實踐感念共同的祖先并增強互相之間的凝聚力這樣的思想，對於只有明確宗人之間的輩份條理纔能夠更好地盡行孝道敬拜祖先這樣的理論，以及宗族建設"修齊"一家一族之後，可以推而至於一鄉一邑乃至天下這樣的理想，都有透徹的闡述。士大夫是宗族建設的肇始者，并且在整個明清時代都在這個運動中扮演了重要的領導角色。但是從明末以後，商人在這個領域中，以及其他很多傳統上爲士大夫獨占的領域中，扮演了越來越重要的角色。

很多明末以來商人的上述特徵都在出身於南直隸徽州府休寧縣的程惟清的生平中有所反映。休寧和同府的歙縣出了很多大商人，所謂"徽商"實際上多出自這兩縣。此地山限水隔，人多地少，迫使人們外出經商以開生路。而當地濃厚的宗族傳統和宗族網絡又爲外出經商的徽人在籌資和合夥等方面提供了極爲珍貴的初始資源。徽商的迅速崛起以及他們所聚集的大量財富，使得他們在明末的文獻中成爲令士大夫恐慌的暴富新貴的典型。但是另一方面，徽商的大量商業財富被轉回原籍，在徽州本地運用於宗族建設和襄助儒學。這無疑又在很大程度上促成了士大夫文化在徽州的進一步穩固。這個略帶悖論的現象，在徽州府境內隨處可見的祠堂和書院中也有所體現。可以說十六七世紀中國"商業革命"，在其潛在的革命性以及其在當時具體的社會政治環境中遇到的局限性兩方面，都可以在程惟清這樣的徽商身上得到印證。

志文：

程處士惟清墓志銘

王世貞

歙俗以姓相甲乙，而程與汪最為甲。程之後無匪自忠壯公靈洗者。忠壯公居邑之黃墩，至宋宣議公居休，徙栗口，凡十餘傳而為為節，為節生敬音，敬音生忠烈，則處士之父也。處士諱洁，惟清其字。率口之水流而匯其里居，因自號曰練潭。父有四子，處士居叔。其伯仲皆以賈起家矣，而處士少敏，嘗從其族博士先生受《易》。垂就，父欲奪之賈，曰："吾非不愛儒，第食指眾，胡不佐而兄謀什一之息以寬我乎？季長或可儒也。"於是始從其兄鹽鹽淮揚間。已轉子母錢於句曲中山，往返南北甫十年而賈成，其奇羨過於初數次。處士故善心計，能因俗為變，與時消息。不強力纖儉，橐無未名之物，皆與兄共之，以歸於父。甘脆時進共養不倦。及父母之見背，與兄弟之無祿，則哀毀垂滅，附身附棺，必極愨誠。撫字諸孤，從受師授室，爲其子先，寬仁喜施，意豁如也。內外五族少不霑潤者。所解紛判疑，如響立應。族故有世祠，以不及祠支祖供義公，特建祠祠之。又大繕治宋鄉貢士一德公墓，咸割其橐弗吝。族人義之，請立碑紀處士名，不許，曰：「吾故不爲名也。」嘗扁其居堂「修齊」，謂庶人之職，知修身齊家而已。時三子皆讀書有聲，顧而謂曰：「未竟之志，則而曹勉之。」時歲薦饑，大出困廩，以贍寠者。家人數擊鮮，輒揮去弗御，曰：「吾不忍以匕箸餘而當數寠人命。」處士素強無疾，中年所經悼亡撫存非一，以是寖削損得疾，至革行視絞紟衾冒之具過飭，正色而語：「三子汰哉，爾不聞曾子之訓乎，爾之大王父不能得之於爾王父，王父不能得之於我兄弟，而我乃獨安之也。」客有進曰：「禮不云乎，有其時，有其財，此君之子責也。」處士微頷之而已。三子哭請遺言，處士曰：「孝友勤儉銘諸心可也。」語畢而絕。時萬曆之戊子十二月也，距其生嘉靖辛卯，春秋五十有八。配項，有婦德。三子皆太學生。元正，婦黃，繼吳。元衡，婦戴。元仁，聘吳。孫男三人，女一人。其狀自京兆司諭吳瑞穀。瑞穀信而文，與余善。而來乞辭者元正，又彬彬質文人也。故爲志而銘之。銘曰：

稱處士者何，行士也。士而隱於賈。胡賈例也，太史公云，身有處士之誼而取給焉。噫嘻，寧末富之爲累。[1]

延伸閱讀：

安東籬（Antonia Finnane）：《説揚州，1550—1850》（*Speaking of Yangzhou: A Chinese City, 1550—1850*），哈佛大學出版社，2004年。

杜勇濤（Du Yongtao）：《地域間的徽商：明清中國的鄉土聯結與空間秩序》（*The Order of Places: Translocal Practices of the Huizhou Merchants in Late Imperial China*），博睿學術出版社（Brill），2015年。

郭琦濤（Guo Qitao）：《祭祀戲劇與商化宗族：明清徽州大衆文化的儒家轉化》（*Ritual Opera and Mercantile Lineage: The Confucian Transformation of Popular Culture in Late Imperial Huizhou*），斯坦福大學出版社，2005年。

陸冬遠（Richard J. Lufrano）：《商人之尊：明清時期的商業與修身》（*Honorable Merchants: Commerce and Self-Cultivation in Late Imperial China*），夏威夷大學出版社，1997年。

（杜勇濤）

---

[1]（明）王世貞《弇州山人四部稿續稿》卷122。

第十七章

從明朝將軍到地方軍閥

毛文龍（1579—1629）

這篇墓碑刻文提供了明清王朝交替初期的一個個人的且親密的快照。位於東北亞邊陲地帶一名軍官的仕途揭示了明朝政治與軍事體系在朝代最後的幾十年裏既刻板又同時具有靈活性。

導讀：

明朝的軍事體系最初是依靠衛所的編制制度。專門的軍戶輪流提供士兵，并通過國家分配的農田來供應他們的需求。衛所體系負責監督及訓練他們以維持軍隊一貫的水平。然而，到了十七世紀初，隨着軍事事務越來越受到文官的嚴格監管，該體系開始破裂。在這種氛圍下，士兵遭到社會鄙視。即使高級將領也不得不向傲慢的文官屈膝，忍受他們的辱罵。備受耻辱和士氣低落，許多世襲的軍戶士兵選擇逃離他們專屬的定居地或設計把他們的財産從官方名册中删除。

就在傳統軍事結構崩坍之際，明朝經歷了一場軍事變革，其中包括了進口并匹配歐洲火槍、大炮和防禦工程，以及開發新的戰鬥編隊與攻城戰術。新的戰鬥模式大大增加了成本，提高了致命率和戰事組織要求。由於缺乏動力與手段來維持一支常規軍隊，朝廷選擇授權戰場將領以自己的資源臨時招募及裝備部隊作爲權宜之計。這項措施讓明朝在鏟除東南沿岸海盜以及1592年抵制日本入侵朝鮮時取得重大成就。然而，許多部隊後來變成了完全成熟的私人武裝，而他們的將領成爲了半自治的軍閥。

以下碑文中的主角毛文龍（1579—1629）的職業生涯反映了明朝統治末期軍事化與私有化步伐的加速。十七世紀的前幾十年，本來蓬勃發展的商業經濟出現了嚴重的危機，貨幣通縮、饑荒與糧食短缺阻礙了朝廷的有效管治。結果，農民起義席卷全國。與此同時，在東北，女真族在野心勃勃的酋長努爾哈赤（1559—1626，1616—1626在位）統治下團結起來。他們很快便發展爲強大的力量，征服蒙古部落，并占領了明朝的前進基地及關外漢族聚居最密集的遼東大部分地區。長城與渤海的交匯處山海關是分隔這個東北及華北腹地，包括北京在內的，最後一道重要防禦屏障。1635年後被稱爲滿族的女真人，於1644年占領了北京，并將此地確立爲他們新建王朝的京城所在地。

在內憂外患的威脅及嚴峻財政狀況的壓力下，明朝訴諸於久經考驗的權宜之計，授權將領自己增兵。這種做法，反過來提供了在科舉——中國傳統的晉升途徑——以外前所未有的社會流動性。正如毛文龍的墓志銘所揭示，年幼時已成孤兒的他厭惡了以學習儒家經典爲途徑的科舉之路，以賭博消磨時間。他真正熱衷的是軍事戰略與闖蕩邊疆。在遼東巡撫的支持下，毛文龍得以招募自己的部隊，并在朝鮮沿海的黃海皮島上建立了一個基地。在1621年到1629年之間，他的私人武裝東江軍鎮作爲一個實際上獨立的力量控制了東北周邊的水域。

毛文龍的霸權在短期內成功制止甚至扭轉了女真族的擴張。他更成功地令努爾哈赤部隊中的一些人變節，包括一位非常著名的將領劉愛塔（或劉興祚，？—1630），劉愛塔到最後仍對毛文龍保持忠誠。毛文龍駐軍的成功在很大程度上歸功於其理想的地理位置。東北與朝鮮之間松懈的海洋邊界爲他的部隊提供了獲取必要補給和供應的戰略命脉。朝鮮王朝（1392—1910）一直與明朝保持密切的朝貢關係，并以共同的宋明儒家理想爲基礎建立了類似的政治體制。隨着中國軍隊在1592年協助朝鮮抵抗日本的入侵，這些連係越加緊密。1623年朝鮮朝廷內堅決擁護明朝派系的掌權促使朝廷對女真族采取敵對的政策。因此，朝鮮人與毛文龍積極合作，并爲他提供慷慨的糧食與物資援助。毛文龍的另一個收入來源是從他所參與的連接中國沿海與日本和東南亞的强大東亞貿易網絡中獲得的豐厚利潤。一組類似的因素促

都督　毛文龍　再拜

前差官執書和事原謀
我一擔承煩事都忘
上彼此罷兵共享太
心甚喜已差人送（可可少）
禄田
汗王之話大事已定對後
天差來錯上户部之船銷
督餉户部竟自拏
三名人一齊解京不
把我大事幾乎壞了若是我
不去救田可可半禄有口不能
分辯
汗王也不信我說話了一點好
心友做不信不義之輩

慶訴我懇要興
汗王一路上做必大事又被此一
番所疑莫非天數也
汗王東走西奔南來北往倒書
做得一伴真正大事皆不知其
法不知其竅也代興
汗王共議國家大事言
福留名萬古不知
汗王背信我否如若聽信我說可
全人采胭脂商議並無虚言
若是映誘堂映四五名人做得
何事彼此無疑英雄小
人不同親大事可成那吐
心不盡

南海

沖

毛文龍致金國汗書

成了明朝其他動蕩邊疆一帶軍閥主義的崛起，其中最突出的是福建沿海從海盜轉爲海商及明朝將領的鄭芝龍。

毛文龍與鄭芝龍等人的出現揭示了明朝制度的刻板兼靈活性。朝廷有能力利用甚至指揮半自治軍閥對朝廷的忠誠以實現迫切的目標，例如打擊海盜或驅逐滿族，這些是朝廷無法以自己的資源應付的。然而，這種安排加劇了與明朝悠久的文官控制軍事事務的激烈衝突。一旦像毛文龍這類人變得足够強大，朝廷對內部顛覆的恐懼等同甚至超越對外來威脅的擔憂。

1626年，在毛文龍與朝廷所委任負責率領遼東所有明朝正規軍的袁崇煥（1584—1630）直接對峙後，這個內在矛盾爲東江軍鎮及其將領招致厄運。那年，袁崇煥在寧遠對決努爾哈赤中取得決定性的勝利，這是女真領袖第一個也是唯一的重大戰敗。幾個月後，努爾哈赤也因這場戰役中所造成的傷勢而喪生。根據墓志銘，正是這場勝戰令袁崇煥變得傲慢，并對自己通過努力重奪遼東的能力過於自信。他對毛文龍充滿嫉妒，認爲毛文龍是阻礙他獲得榮耀的競争對手。然而，墓志銘聲稱毛文龍在阻止女真族集中軍力對付袁崇煥的軍隊中扮演着關鍵的角色。可是袁崇煥沒有與毛文龍合作，反而是在朝廷的全力支持下，命令把東江軍鎮的規模從鼎盛時期的幾十萬士兵大幅削減至二萬八千人。他更嚴格限制了毛文龍所控制的島嶼的供應和物資流動。最後，在1629年，他親身拜訪毛文龍并用部隊包圍他的駐軍。袁崇煥隨後把毛文龍當場處決。在沒有像毛文龍那樣强大而具整合能力的將領的情況下，駐軍很快便解散了。他的很多前部屬，如孔有德（約1602—1652）和尚可喜（1604—1676），都歸降後金。他們後來在清初的占領與鞏固關內方面發揮了重要的作用。

諷刺的是，袁崇煥很快便面臨類似的命運。1629年，努爾哈赤的兒子及繼承人皇太極（1592—1643，1626—1643在位）率領後金部隊突襲北京。儘管袁崇煥的軍隊擊退了女真族，他處理戰事的方法遭到嚴厲批評，有些朝廷官員及宦官更指控他與敵人勾結。一年後，剛登基不久的崇禎皇帝（1611—1644，1627—1644在位）下令把袁崇煥凌遲處死。袁崇煥的滅亡特別具諷刺意味，因爲他和毛文龍一樣也是明朝文官與武官之間越加互相猜疑的受害者。

明朝在1644年農民起義中滅亡。此時，皇太極給他的女真人起了一個新的族名爲滿族，并自封爲清朝皇帝。雖然他於1643年逝世，他所建立牢固的機構和官僚制度爲滿族利用當時的混亂局面占領中原奠定了基礎。在許多方面，以下的墓志銘提供了明清王朝過渡初期的一個個人的且親密的快照。

毛文龍的墓志銘在明清兩代是很典型的，這些碑文主要旨在根據儒家理想的榜樣來描述及贊美逝者。就毛文龍來說，碑文把他描繪成受冤屈的忠臣。墓志銘通常是邀請具有聲望但不是親身認識逝者的傑出文人來撰

崇禎元年（1628）袁崇煥奏請更定關
外營堡將領額數事科抄題本

寫。毛文龍墓志銘的作者毛奇齡（1623—1716，他亦是本書第二十章所收作品的作者）是一名詩人、作家及藝術家。他來自毛文龍的故鄉杭州并與毛文龍同姓。最初，他加入了反清復明行列，可是當反抗在十七世紀六十年代大致上被鎮壓後，他在清廷的翰林院擔任學士，并參與撰寫《明史》的初稿。毛文龍寫的悼文對政治局勢非常敏感，尤其是他需要美化當時作爲明朝敵人的女真，也就是統治中國的清朝的祖先。毛奇齡小心翼翼地避免對女真族的負面描述，以與所敘述的事情發生後多年（1636）纔出現的朝號"大清"來稱呼他們。

志文：

毛總戎墓志銘

毛奇齡

　　將軍以冤死，其子承禄已不免。當是時，藁木倉皇，未能斂衣冠而封之也。大清興，其舊時將吏有建開國勳者。定南王孔君分藩廣西，道經錢塘，覓將軍子不得。其故屋三間，已易姓，孔君流涕去。既而他將吏以從龍功受封，由浙之嶺表，有故校知將軍子所，迹至，厚贈之，親詣將軍栗號而祭，以其殯宮飄於海未葬，深自責。乃謀於定南王孔君，合葬將軍衣冠於靈峰莊，樹以碣。而以予同出姬氏，屬爲文。

予惟將軍事在勝代所聞異詞，其事往往與本朝抗顏行，劣迹不足道，況大清實錄尚未頒，其事不定，何敢預有述。第古人有史傳，有家傳。家傳與史傳齟齬，所從來久。且士庶有行，皆許琢石紀平生，將軍賫志没，不爲表章，即直道安在？因據其當時所傳行狀摭爲文，寧損無益，以略存不白之意，然受冤根株所宜著也。

按狀，將軍姓毛，諱文龍，字振南，錢塘人也。少孤，隨其母養舅氏沈光祚家。光祚中萬曆乙未進士，官山東布政使司。將軍幼從學，授經生業，厭之，思棄去。客有講孫吴兵法者，求其書諦視，忽心開，光祚奇之。光祚官山東，將軍負博，進隱於署，無賴，聞邊事日棘，嘗密走關寧，覘其山川形勢，拊髀咨嗟，然卒無可如何。遼東巡撫王化貞者，山東人也。與光祚善，將行，就光祚請教。光祚曰："主臣光祚經生，未嘗習兵事，何敢妄有言。獨光祚有姊子毛文龍，奇才也，慷慨多大略，且究心時事久矣！試與之一旅，必能爲國效力，成功名。若但隨諸校籍麾下，文龍必不能奮著所長也。"化貞許諾，乃檄將軍之門，擇日選十人起標，宴於堂，各授都司職，而將軍爲之首。臨出鼓吹，簪以花，親易其所衣，拱揖上馬。將軍感泣叩頭，斷所易革帶誓曰："所不矢死以報國者，有如此帶。"

先是遼東陷，大清兵一日破百屯，白花嶺、秀老婆、許毛子、諳山城以及王大人、石廟兒、蘆尖、瓦溝諸寨迎刃而下，傍櫟山東礦兵及九連大姓之抗命者。獨抄花爲外樊，不即破，然告急日再，至相傳欲襲黃泥窪直搗廣寧以臨京師，自通薊至山海阨塞皆戒嚴。於是有爲批根之計者，謂當習戈船，據島浮洋溯鴨綠以指黃江，進足窺敵，次亦牽制之，以邀返顧，冀不即前。兵科明時舉、長蘆同知丘雲肇，皆前後上書，而化貞力持其說。

因遣將軍入登萊，潛匿海島，拜練兵游擊將軍，使便宜行事。將軍乃周視四隩，結水營，招其壯勇，而佐以援遼水軍，夜入連雲島。連雲島者，蓋州所屬島也。蓋、海、金、復共四州，以爲四大沖，皆遼重地。而大清所署蓋州游擊楊於渭，復州游擊單進忠皆遼人，將軍急通以蠟書，使爲應，乃得下連雲據之，而進襲猪島。時海風大發，不能行。有民船漂猪島，船戶李景先，爲鹿島民，避難，知鹿島虛實。將軍急率之襲鹿島，戕島官胡可賓，而其旁給店、石城諸島皆以次入，生得島兵撥塘船、遼船、定波船，渡遼人願歸者萬餘人安海中，而自統兵搜戮鎮江上下諸官軍。

時大清兵強盛，所向無敵。薊遼總督薛國用有云："明無一勝，大清無一負。"獨將軍受事後，稱稍稍敢仰視。然地偏人少，終非其敵。大清師既切齒，思復鎮江，而將軍以兵單弱，請發他兵策應之，不許。乃乞兵高麗，久之，不即答。其參將駐各島者，又不敢離寸步。兵科給事中蔡思充、張鶴鳴以毛弁孤軍當援，不納。

將軍度勢劣，未能進取，徒守鎮江城無益，乃大辟皮島，當時所謂東江者，招集勇壯，并避難民來歸，合數十萬人。東接高麗，限以雲從島，南出諸島以百數，最大者如猪島、獐子、大小長山等，與登州相屬，阨塞皆以兵據之。西北之陸纔四十里，距今奉天三百而隃。將軍遣游騎四望，俟大清兵小至，可犯則犯之，不可犯則乘島。大清兵習流鮮，戈船不繼，未遑卒亂海而與之戰也。近塞動靜稍稍見，則曰毋西，西入而俘矣。以故大清兵且鄭重爲牽制之局，局成，大清兵復鎮江，將軍却不敢敵。熊廷弼聞之大快，謂其言驗。然而將軍雖牽制，仍厚圖進取，以邀於成。

而關寧諸大臣，見大清兵不即前，忌牽制之勞，疑大清師本易與，無他長，紛紛講東事，反謂毛帥跋扈不受節制，將有患。又年饑，國帑不給，島兵多麇帑。於是分關寧、東江爲兩局。而欲誳東江者，動云麇帑，裁其兵，久之，即謂其帥亦可裁而。於是惡之者，不至去毛帥不止。而不知八年之關寧，亦即八年之東江，以得有是也。

初諸島無兵，大清兵久視四衛爲不足慮。暨將軍以重兵窺其東，則旅順固南衛門戶，而金州則又統四衛以逼旅順者。於是發兵戮金州，以絕其路。而臥榻鼾睡，勢應剿除。嘗夜寒島冰，大清兵思夜渡襲之，謀頗秘。將軍偵得之，則豫斫冰，冰解復合，然脆薄，人不知也。天夜雨雪，雪大集，大清兵從雪上觀，一麾而渡，渡及半，島上兵擊鼓鉦呼噪，人馬踐踏，多半陷入海，自後相語勿渡島。

會莊烈帝即位，軍需匱，有議減島兵者。前此天啓末，嘗遣詞臣姜曰廣、科臣王夢尹詣島點閱檢，減報一十餘萬。其所缺餉，將軍每開洋通市貨，以補不給，然所存猶十餘萬也。至是道臣王廷試受閣臣指，勒令留二萬八千，而盡裁其餘，兵嘩，島中人洶洶相聚而哭，漸有揭竿以前者。將軍斬二將，稍止，然往往解散降丁，流民相繼渡海去，島中囂然。

時將軍已授總兵官，挂將軍印，賜劍，得專殺，然終不能止，上疏又不納。而督師袁崇煥覆欲以二萬八千之餉，扣之往年之浮領者，且復定制，自今以後凡東江兵糧器仗皆從關門起運，至覺花島登舟，由旅順以達東江。而津運糧料亦當由靖海達覺花島，非督師衙門挂號不出門。

將軍嘗疏曰："夫轉運有紆捷，自登州至旅順捷而易，由關門至旅順紆而難，夫人而知之也。在督臣之意，不過欲臣受其節制，而不知其勢有不可者，臣只以風候言之，自登州至旅順止西南風半日，可以早到。然有時猶以為遲，何則？人早食暮饑，不能待也。若從關門達，則必得正西風二日，始從牛頭河至長山，又得西南風半日，至覺花島。又得西北風一日夜，至北汛口。又得正西風半日，至南汛口。又得西北風一日，至塔連島。又得正南風半日，始至旅順。夫舟附水行，不能越岸而直達，又不能使風之朝東而暮必西。是一歲無幾運，而欲以朝食暮饑之人，而使之待之，是殺之也。且津運達旅順爲道本紆，以故往年所運十止六七，餘報以漂没。然而臣知之，不得不以實收與之。以其運頗艱，若再苛之，是阻其將來之運也。如必從覺花島，且必從寧遠挂號，則路愈遠，漫没愈多，將來津運總烏有矣。”

前此閣臣錢錫龍惡將軍，每過崇焕寓，屏左右密語。龍錫曰：“誰能除江東者。”崇焕曰：“我能之。”時崇焕爲寧薊道，至是進督師，思其言，且深惡其無禮。嘗曰：“咄！安有此。”

明俗輕武人，鄉有習武者，目爲兵，不齒於所親。武人雖都督長五府，出見一縣令，必厚禮幣。縣令倨視之，當答拜，遣胥吏持刺去，弗親往。及見兵部，毋論堂上官，但司郎以下，必披執跪，退則行兩膝蛇却，自稱曰：“苟有所索，必應。”一旦有事，非五府官不領兵，領兵必文臣監之，只一推官監其軍，必日伺監軍門取進止。曰“毋動”，雖百萬兵不敢動。以故兵政弛，自禁軍及邊軍、衛軍，無一能自立者。

將軍獨桀驁，所至不屈，即本兵督部，亦不屑屑受節制。舉朝相驚，以爲三百年成事，一旦壞，何故？會崇焕門客周錫圭、王資治者，將歸里，自請觀東江形勢以行，意謂督師客，必厚賂。至則設酒醴長享，無牲，具獻不過爵帛。大恚憾，告崇焕以無禮渺督師，密語一晝夜去。當是時，崇焕自恃有將才，可以取勝。而大清師以從容不即專所向，遂予崇煥以小逞。崇煥妄自信，謂東事可任，是必除東江而東事成，如治疽然，預施鍼石，而後濟之以湯醴。其不知者，妄疑湯醴有濟也，去而鍼石，而於是疽發，而不可救矣。

劉愛塔者，遼東人也，年十二爲大清師所得，及長驍悍，偕其弟興治、興賢皆在軍。大清太祖器之，賜名愛塔，愛塔猶言愛他也。時愛塔爲都督，守金州，將軍計通之，復州都督王丙廉其反，上變，幾不免。有救之者，謂丙又私怨，誣愛塔，竟論殺丙，置愛塔不問。愛塔乃使其弟投東江，而自取他屍衣己衣，燒其面，乘夜走蓋州，統其所部四百人、馬四百匹，取道至旅順。將軍迎至島，隨相機導之，從蓋州登岸，殺二千人，因題授愛塔昭勇將軍。崇煥乃大恚，以爲愛塔來歸，不先之軍門，爲東江所得。每遣人邀愛塔，不至，向將軍索之，亦不與。門客周錫圭親見愛塔於島中，啗以爵，終不之答。

會大清太祖皇帝幸溫泉，愛塔知之，語將軍設伏，至即發，去，不敢犯。及太祖皇帝大行，崇煥遣番僧往吊。而將軍以愛塔言上狀，至是與愛塔畫覆遼東之策，謀劫五嶺。崇煥忌且妒，乃於崇禎二年五月，疏請親詣東江商進取事，令文龍與愛塔偕。會留劍印寧前，而崇煥復請携劍印行，疏稱："臣門下士周錫圭謂皇上赫濯，必當令東江將士重振威儀，一切機宜俱委趙率教、祖大壽等攝之。"乃請餉十萬，携之給東江兵。因選將士之驍者二百人登舟，由旅順入至雙島。

旅順游擊毛永義率兵迎之。崇煥乃登島謁龍王廟，呼永義等諭之曰："國初開平、中山水陸俱用，故能攻采石，戰鄱陽。而其既也，曰縱橫沙漠而不之却。今吾亦欲使東江將士悉用之寧前如何？"衆或唯或否。崇煥取否者將殉，而復釋之，謂之曰："故事督師言無齟齬理，爾曹不知法度久矣！此所以教也。"衆唯唯。既而將軍至，拜，崇煥亦答拜。崇煥親出報將軍帳中，就將軍借行帳，張島間開筵，召將軍飲，間語進取事，曰："此事視我兩人耳，然必同心共力，今我來欲觀東江形勢，然亦以爾我間闊，所不憚屈身就將軍，固將與將軍成大功也。"將軍流涕曰："文龍住海外八年矣，雖小有所減，馬匹、器仗日不給，恐枵腹徒手不能有濟，如之何？"崇煥曰："嗣後餉日至，無憂饑也。"當是時，崇煥禮甚恭，詞色和易，逮夜多密語，擊銅釜二下方出。

既而將軍設饗具東江將士，暨降丁來謁，俱有賞。及飲，蒼頭伺酒者帶刀立，崇煥叱使退。酒酣乃諮以四事：一、移鎮；二、定營制；三、設道廳，稽兵馬糧糧；四、分旅順東、西節制，旅順東行總兵官印信，旅順西行督師印信。將軍俱未應。崇煥乃出餉十萬犒東江將官。當夕，傳寧前副將汪翥與語，夜分出。

詰旦校射，語將軍曰："吾將歸寧前，國家海外重寄在將軍，將軍受予拜。"臨拜，副將汪翥與參將謝尚政，密傳督師兵四環，而截東江隨行官在環內，蒼頭出環外，不得近。崇煥乃顧隨行官詢何姓？曰："姓毛氏。"崇煥曰："安有諸官一姓者，此非法也。"遂呼之來前曰："爾等皆人傑，爲國效力久矣，即非毛姓，國家豈忘汝報者。今汝在海外勞苦倍，而其所食俸減於寧前，吾痛之。吾將疏請增汝餉，今無以酬汝等，汝等受我拜。"衆亦拜。

崇煥即大坐，數將軍罪，仍以前四事爲詞，并無他。且厲聲曰："夜郎自大久矣，吾殺汝後，若不能復遼以謝汝者，吾他日亦齒以劍。"乃顧諸隨行官曰："此秘旨也，不及汝，無怖。"遂請尚方斬將軍，將軍無一言。

既而蒼頭洶洶起，顧督師威嚴，且疑爲秘旨，不敢前。崇煥乃哭奠，破馬棧爲腹棺，殮之。而以東江事屬劉興祚。興祚泣不受。乃分爲四協，而興祚當一協，將軍子承祿當一協，其二則旗鼓徐敷奏、其副將陳繼勝當之。興祚者，愛塔名也。時六月五日。既而東江將士皆聚哭，欲追殺崇煥，將軍子承祿固阻之。是夕見大星墜海中，有光聲如雷，遲久乃止。各嘆曰："將軍亡矣，天意也。"各散去，孔有德、尚可喜、耿仲明輩皆歸降本朝。其後從龍封異姓王，名三王。獨愛塔呼曰："吾烏往矣。"率兄弟逃他島。嗣此不補帥，不立軍營，棄諸島海中，而東江遂亡。

將軍爲人美須髯，面有瘢，而黑色黶面，虎步，長裁五尺九寸。家貧不事生人產。其在島中，日市高麗、暹羅、日本諸貨物以充軍資，月十萬計，盡以給軍贍賓客。死之日，室無贏財。

　　當愛塔之逃，拜將軍哭曰："必不使崇煥獨存，以負將軍。"既而帝竟磔崇煥。愛塔曰："吾志畢矣！"時閣臣孫承宗繼崇煥守關，得愛塔甚喜，拊其背曰："子義士，必能成功名以報國。"解腰帶賜之。愛塔屯永平，道臣鄭國昌徙之，屯建昌。愛塔遇大清兵於帽頭兒，令諸將施三伏，自選八百，夜挑戰，暗去明徽幟，擁大清幟，熟其語言營號，昏黑莫能辨，相擊破一軍，得數百級。遲明復出兩灰口，值大騎轉戰，伏不起，愛塔中流矢死。興賢降，興治復歸島。島將疑興賢降，今興治來必有變，興治怒，攻殺島將二十人，爲島兵所殺。將軍子承斗更名珏、孫有韓，銘曰：

　　將軍死以冤，而其事竟白如旦日。雖然，將軍之志尚鬱鬱。載石先最其績，佇壽其傳，何尤焉。迄於今，將軍之衣冠已不可問矣，而猶得志其阡。[1]

延伸閱讀：

歐陽泰（Tonio Andrade）：《火藥時代：世界史視野中的中國，軍事革新，與西方的興起》（*The Gunpowder Age: China, Military Innovation, and the Rise of the West in World History*），普林斯頓大學出版社，2016年。

---

[1]（清）毛承斗等輯，賈乃謙點校《東江疏揭塘報節抄（外二種）》，浙江古籍出版社，1986年，第213—220頁。

司徒琳（Lynn Struve）:《南明史：1644—1662》(*The Southern Ming: 1644—1662*)，耶魯大學出版社，1984年。

石康（Kenneth M. Swope）:《明朝在軍事上的崩潰，1618—1644》(*The Military Collapse of China's Ming Dynasty, 1618—1644*)，勞特利奇出版社（Routledge），2014年。

魏斐德（Frederic Wakeman Jr.）:《洪業：清朝開國史》(*The Great Enterprise: The Manchu Reconstruction of Imperial Order in Seventeenth-Century China*)，加利福尼亞大學出版社，1985年。

鄭揚文（Zheng Yangwen）:《海上中國：海上世界如何塑造了現代中國》(*China on the Sea: How the Maritime World Shaped Modern China*)，博睿學術出版社（Brill），2011年。

（杭　行）

第十八章

弟弟追懷姐姐

錢　還（1600—1668）

通過對其亡姊生活細節的追憶，錢澄之讓墓志銘的讀者有機會瞭解到了墓主生前個性的許多層面。同時也顯露出作者自己對其亡姊特有的深情，并揭示了母家在一個已婚女子生活中的重要意義以及一位母親對自己已出嫁了的獨生女的溺愛。

導讀：

錢澄之（1612—1693）是清初著名的遺民詩人和學者。他爲多位家人寫有碑傳文，其中包括他爲其亡妻撰寫的《先妻方氏行略》，明清鼎革大亂之際，她"知不免……抱女赴水死"。《明史·列女傳》收有其小傳。

在傳統中國這樣一個男權社會中，一個男人與其姐妹的關係經常會經歷兩次重大變故。第一次是女子的出嫁，她離開自己的本家而嫁進其夫家，成了別人家裏的人。若她比兄弟去世得早，那第二次變故便是永別。在她出嫁時，她的兄弟已經"失去"過她一次，而現在他又要第二次失去她，并且是永遠地失去——這就是爲什麼有些文人爲他們姐妹撰寫的碑傳文會特別富有深情。這些墓志銘同時還會披露已婚女子在婚後與其母家往往仍然保持密切關係的種種詳情。而這類信息因爲其他傳統文獻中少有提及，而顯得更爲珍貴。錢澄之爲其亡姊撰寫的《方氏姊墓志銘》，流露出了濃厚的姐弟之情，同時也展示了當時對一個已出嫁婦女來説母家有多麼重要。這篇不可多得的碑傳文使得我們覺得有必要對墓志銘都是歌功頌德的程式化文章這種一概而論的評判作出一個重新的思考。

受他人之托撰寫墓志銘的文人大多數不認識墓主本人，所以要依靠墓主的親朋好友所提供的行狀等第一手資料來寫。而與墓志銘相比，行狀（有時也稱作"事略"或"述略"等等）的格式沒那麼正式嚴格，而更具個人化特徵。行狀一般是爲墓志銘或傳記的撰寫而準備的"資料"，所以它特有的"未完成性"使行狀的作者在取材上的限制也要少一些。但如果墓志銘作者與墓主本人很熟悉，他會有可能把墓志銘寫得更像行狀，因爲他現在主要依靠的是他自己對墓主的直接追憶，而不是被動地憑借第三者的回憶和記録，他的書寫會更容易爲他自己對墓主的感情所左右。在這種情況下，墓志銘與行狀的區別會變得比較模糊。這類情況在一個文人爲他自己女眷屬撰寫墓志銘時尤其容易發生。他更有可能憑藉自己的記憶去記錄她們日常生活的瑣碎小事，從而讓人讀起來更爲言之有物，因爲一般婦女在當時的社會裏很少像男性那樣有公共生活可言。若墓志銘是爲自己的姐妹而寫，那作者又會少了一層顧忌，因爲這不像爲自己母親寫墓志銘，作爲孝順兒子的他要畢恭畢敬而且有爲之歌功頌德的壓力，也不像爲自己亡妻寫墓志銘作者常常會爲避嫌而苦惱。

　　錢澄之的《方氏姊墓志銘》之所以與眾不同，恰恰是因爲他把他姐姐寫成一位極爲平凡的女子。因爲他沒有要把她寫成一個大德大賢的命婦的壓力，錢澄之反倒更放手寫亡姊的種種平凡之處。這篇墓志銘有時讀起來更有個人回憶錄的感覺，而個人的回憶文作爲一種文體也正是在明末清初纔開始出現的（譬如冒襄的《影梅庵憶語》）。在錢澄之這篇"追憶"文中，一般碑傳各種文體（如墓志銘、行狀和傳記）之間的界限似乎已經不是那麼明顯了。

　　這篇墓志銘頗長的篇幅也體現出作者關於這位看似平淡無奇的亡姊有多麼多的話要說。他是將她作爲自己非常親近的姐姐來懷念的，她既不是傳統婦女碑文中的節婦，也不是明清文人傳記中津津樂道的烈女，她只是一個平平凡凡的家庭主婦而已。在他母親親生的六個孩子中，他姐姐是獨生女，這也許就是他們的母親對這個女兒鍾愛有加的原因。不幸的是，她的丈夫雖然孩提時候頗爲聰穎，後來科舉却一直很不順利，考了十次還是没中舉，并於四十七歲那年鬱鬱而終。錢澄之雖然在文中没直截了當埋怨他亡姊一生的辛勞是夫家或者姐夫造成的，但讀者還是能感覺到作者在字裏行間將她的不幸與她丈夫事業的不順間接聯繫起來了。時值明清鼎革，兵火四起，她夫家的房子毀於火，整個家庭也很快就衰敗下來了。而他們的母親的逝世，使姐姐的境况變得更爲窘迫。這是因爲據錢澄之回憶，在母親還活着的時候，母親經常會接濟已出嫁的姐姐。若姐姐不喜歡哪一個女僕，母親馬上會挑一個自己信得過的給她送過去。結果侍候他姐姐的婢女人數要比侍候他們幾個兄弟的婢女加起來的人數還要多。但母親逝世不久，姐姐的傭人不是死了就是出走了。照錢澄之的説法，他姐姐對傭人“少恩”，暗示她没有善待下人。有非常疼愛的母親在，姐姐的日子過得還是相對輕鬆的。但一旦母親辭世，没了母家的大力接濟，面對突如其來的困境，姐姐一時很難適應。

在這一點上，錢澄之所塑造的亡姊形象與他爲追憶母親而撰寫的行狀《先母龐安人行略》中的先母形象形成了有趣的對比。他們母親是一位治家嚴謹而做事頗有效率的主婦。但在《方氏姊墓志銘》裏，作者提到母親寵愛姐姐之舉是要强調後者在母家的地位。而這同時也使得他們母親的形象更爲複雜化了。母親過去的呵護似乎使姐姐現在要花更長的時間來學會獨立治家的本領。在《先母龐安人行略》一文中，錢澄之詳細地描述了母親如何善待下人同時又非常有效地監管他們，相形之下就更凸顯了姐姐在這方面的無能。確實，與他對母親的回憶相比，在追憶亡姊的缺點時，錢澄之要坦率得多了。在《先母龐安人行略》一文中，出於一個兒子的孝敬之心，他要彰顯的是她作爲一個模範母親的嘉言懿行。這種差異揭示了一個文人在爲不同女性親屬撰寫碑傳文時要視不同的身份而采取不同的書寫策略。

當然，作者不是有意要貶低亡姊的形象，他只是按自己的回憶如實寫來。實際上，《方氏姊墓志銘》充滿了他作爲弟弟對姐姐的眷戀和深情。在他的童年歲月中，比他大許多歲的姐姐在他的生活中更是擔當了一個慈母的角色，雖然他當時年紀還很小（她十六歲出嫁時他纔四歲），對姐姐的記憶并不是很多。正如他在這篇墓志銘的銘文中所説，他之所以撰寫此文，是要讓後輩們一直記住他有這樣一個同胞姐姐（"百世而下，知爲同產"）。

饒有興味的是，與他爲其烈女亡妻所寫的行狀相比，這篇爲亡姊撰寫的墓志銘反倒使人覺得更有親切感。部分原因是在追憶亡妻時，他首先是作爲一位大公無私的史家爲一位大賢大德的烈女在撰寫碑傳文，其目的是使這位烈女的事迹能最終載入正史。與之相反，當他決定用寫墓志銘的方式來追憶亡姊時，他只是在紀念一位很平凡的同胞姐姐而已，純屬個人記憶，與是否載入正史無關。

志文：

方氏姊墓志銘

錢澄之

　　吾有四兄一姊，暨予凡六人，同出於母龍安人。姊行三，叔子幼安以下皆弟也。姊年十六，歸於方。是年，姊夫伯穎新補邑諸生。初，伯穎幼時，府君奇愛之，先有姊名婉，許字焉而殤，府君哭以詩，甚哀，已而姊生，喜曰："是前女轉世也。"因名之曰還，復以字之，故姊夫長於姊者五歲。母安人鍾愛姊，罄家所有爲奩。既歸方氏，有需畢給，所居相去二十里，一蒼頭尚司日餽送之役，府君不靳。

　　伯穎有時譽，既十試鄉闈，不得志，值母安人歿，供餽以乏，家益貧。又遭流寇之亂，燬其居，流寓池陽，遂鬱鬱憂憤，染疾以死，死時年四十七。是時，先俯君見背，予移家白門，其爲姊經紀喪事以還里者，則吾兄幼安與若士。若士亦以女字姊第五子，故姊尤藉賴焉。已，予自白門罹黨禍，避地三吳，轉徙閩粵者計十七年始歸。

　　歸往省姊，姊年纔五十餘，髮末全白，衰羸焦勞，酷似母老時，而憔悴過之。語云："子多母苦。"姊與吾母皆以多子苦，而姊所遭復大不如吾母，故宜其早衰矣。比爲賦詩一首而去。詩甚悲，姊每令誦之，即悲不自勝。

姊長予十二歲，予幼時多病，姊輒抱持而哭，晝夜不去諸懷。嫁時，予懵不記，猶記歸寧日，下車入門，僮僮祁祁，佩聲瑲然，母望之，且喜且泣也。

素性卞急，事姑特婉。姑阮孺人遇諸婦嚴，每晨省不令去，即終日侍，無忤色。姊既有子婦矣，時率以見阮孺人，顧令孫婦坐，而姊侍如故，人或以過其姑，輒諱曰無之，亦終無怨嘆聲。視諸姒猶同産，門以内雍雍如也。

鄉俗嫂不避叔，伯穎有仲弟仲膚，小其兄二歲，姊見輒避之。人曰："叔也。"曰："雖叔，年長於予，固當避。"其謹於禮法如此。

初，母安人在時，姊家日用，隨取隨給，習之以爲固。有媵婢數人，或不如姊意，母益擇善者往，用是，姊所有媵婢且數倍予兄弟。母殁，姊馭下少恩，不數年，僮婢死亡略盡，晚年，親自操作，良苦，向予哭曰："天乎！予乃遂一至此乎？"又云："予往時不省，世間服用飲食一切至瑣屑之物，需錢買也。"

然姊能甘淡泊、善操特，卒瘁拮据，爲諸甥次第完婚。諸甥無田，皆以筆耕求食於外，子婦事姊不能如姊事其姑。幼安時有所聞，欲往以婦道責之，姊知其意，即迎謂幼安，述諸婦近日將順之善，使一言不得發而回。於諸子姑息已甚，皆未能以色養稱，亦姊之恩愛特重，有以致之也。

嘗生一女，癰出於背，遂病僂，舉家爭祝其死，姊篤愛之。未幾，死，號哭數年，每慟曰："天何奪吾女之酷也？"

姊性多哀傷，易於哭，晚年尤甚：語及母氏則哭，語及伯穎則哭，予兄弟每見面則哭，其去也又哭。人皆謂姊善悲，嗚呼！撫今追昔，觸事感懷，亦毋怪乎其悲也。予妻，安人方氏孤女也，視姊爲諸母。姊與妻母王孺人妯娌相善，屬爲擇婿，因以歸予。妻母，節婦也。予妻從予避黨禍，殉節吳江，姊聞之，大哭，已而曰："是能不愧其母矣！可哭，亦可喜也。"其重節義知大體又如此。

予歸里後，再寓白門者二年。念同産，惟仲子及姊耳，作《麥園》《椒嶺》二篇以志所思。次年遂歸。歸逾時，而仲子即世。復以避謗入閩，再娶徐氏，越三年，挈還田間，急迎姊。姊益老，且以明年稱七十矣，予語姊曰："自吾母以及諸兄，皆不滿七十，今幸有姊明年初度，當迎過草堂，率内外諸子孫稱七十觴爲慶。"姊許諾。詎意是冬予兒隕於盜，姊聞之驚痛，病益劇，遂死，亦竟未滿七十也。

姊生長太平，家世以誦讀爲業，門内見非儒服者目爲怪物。變更以來，人多徙業，姊猶以往事律今也，每以諸子讀書不能承父志爲恨，嘗指予以語諸子曰："予往見舅氏讀書，日暮，吾母量給膏火，嘗夜半膏盡，叩門求益，母察有勤讀者，益之，且餉以粥，嬉坐者則否。吾老矣，今猶夜績，吾門內書聲絕響久矣。”

又言予少時，目不議銖兩，數錢至十則誤，終日手一編，人以爲專愚，不知後之人何以偏知巧於此耳。言訖復悲。嗚乎！是亦可悲也。

姊以萬歷庚子□月生，卒於今戊申之□月，享年六十有九。子六人：曰某，曰某。孫幾人：曰某，某出；曰某，某出。以某年月葬於宅後之某山，某向，而其弟錢某爲之志銘。銘曰：

昔姊於歸，有屋渠渠。鏘鏘鳴佩，翼翼登車。宜其家室，母心則喜。母氏既歿，艱難伊始。流離饑困，喪其所天。挈子歸櫬，惟姊也賢。舊宅焚如，歸無寧宇。僕媵俱盡，姊氏勞苦。姊不厭勞，而獨好悲。終歲涕泣，未老而衰。惟此一抔，其室伊邇。魂兮何之？魄也戀此。厥戀維何？兒女是依。恩愛纏縛，誰知其非？戔戔銘章，田間所撰。百世而下，知爲同産。[1]

延伸閱讀：

柏文莉（Beverly Bossler）：《終生爲女：宋代及帝制晚期的姻親及女性人際網絡》（A Daughter is a Daughter All Her Life: Affinal Relations and Women's Networks in Song and Late Imperial China），《清史問題》（Late Imperial China）

---

[1]（清）錢澄之撰，彭君華校點《田間文集》，黃山書社，1998年，第445—448頁。

第21輯，第1期（2000），第77—106頁。

凱瑟琳・卡利茲（Katherine Carlitz）:《哀悼、個性、情感表現：明代士人紀念母親姐妹和女兒》（Mourning, Personality, Display: Ming Literati Commemorate Their Mothers, Sisters, and Daughters），《男女：中國的男性、女性和社會性別》（*Nan Nü: Men, Women and Gender in China*）第15輯，第1期（2013），第30—68頁。

黃衛總（Martin Huang）:《私密的記憶：晚期中華帝國的性別與悼亡》（*Intimate Memory: Gender and Mourning in Late Imperial China*），紐約州立大學出版社，2018年。

盧葦菁（Lu Weijing）:《清代文集中有關女性親屬的書寫》（Personal Writings on Female Relatives in the Qing Collected Works），收於劉詠聰（Clara Wing-chung Ho）編，《亦顯亦隱的寶庫：中國女性史史料學論文集》（*Overt and Covert Treasures: Essays on the Sources for Chinese Women's History*），香港中文大學出版社，2012年，第403—426頁。

（黃衛總）

第十九章

一位身爲漢族旗人的治水專家

靳　輔（1633—1682）

這篇爲漢族旗人靳輔撰寫的墓志銘，凸顯了一位
優異的治水專家的職業生涯。靳輔將黃河和大運
河視爲一個體系，他所建立的治水機制使清代在
一百多年中避免了洪水災難。靳輔以及其墓志作
者王士禎的一生也反映了在滿族統治下漢人是如
何通過自己的努力而得以於青史留名的。

導讀：

　　研究清代官員生平的一大煩心之事，就是即使有那
麼多可以被稱爲傳記的記載，然而這些記載卻甚少包含
那些可以真實地展現他們主角的必要資料。記載清代官
員生平最常見的是由清初成立的國史館編纂的傳記。這
些都是經過集中編寫和精心編輯的關於主角生平事迹的
散文式描寫，并且還會附上主角最重要的文章。國史館
的這些作品，也被稱爲本傳，能讓讀者追溯一個官員的
職業生涯，或許還能得知他最重要的政治地位。然而它

們并不能提供足以喚起這些官員個性或者是解釋（而不僅只是敘述）他們行爲的主觀闡釋的基礎。現存的墓志銘則給出了一個重要的補救。這類作品的作者可辨，作者與主角及其家庭的關係可知，它們所包含的家庭生活以及個人追求的細節是匿名編纂的本傳望塵莫及的。當然，正史傳記也不能被忽視，因爲他們記載的日期通常可信，而墓志銘則會略去那些會讓作者或者主角家人感到不適的細節，甚至出於爲尊者諱而隱去大段過往歷史。不過，這些刪節本身也是值得留意的。我們的主旨應該在於取得某種平衡，亦或是從不同傳記裏的各種成分中構建統一，從而構築出一個清代官員的一生。

以下這篇墓志銘是清代傑出的詩人和要員王士禎（1634—1711）爲曾在1676年到1688年以及1691年到1692年間擔任河道總督的靳輔（1633—1682）所著的生平。靳輔是漢軍旗人，即在滿清入關前就歸附的擁有世襲地位的由滿人組織的漢軍家族的成員。他出生於清朝入關前七年，并於1644年抑或稍後跟隨滿人從關外瀋陽遷到北京。他在京城擔任了一系列的職位後，於1671年調任安徽巡撫。他到任安徽五年後，又於1676年被晉升爲河道總督。靳輔和王士禎都曾是清朝初年滿漢交流的紐帶。漢族旗人爲清朝統治者擔任翻譯，并且在清初通常也充當新統治者在各省的代言人。這樣的代言人王士禎也曾擔任過：1660年到1665年他在揚州任地方官時，曾幫助重建被清軍征服時摧毀的某地的社會生活。在這之後，他一直供職於清廷中央。王士禎和靳輔有可能曾經面識，不過并沒有留下關於他們相識的書面記錄。之所以王士禎會給靳輔寫墓志，是出於靳輔長子的請求。王士禎在撰寫傳記時曾接觸過靳氏家書，而他亦有機會聽到靳家人口述的家族故事。他所著的記載則是《國朝耆獻類徵》所收的七部靳輔傳記中唯一一部由他同代人所寫的。

王士禎爲靳輔所作的墓志中一個頗讓人費解的細節是，王稱靳家先祖在十四世紀後期明朝克定山東時加入明軍——這種軍户是世襲的，之後他們被派發到滿洲地區南部鎮守遼陽。十七世紀初，滿洲勢力擴張，靳氏即棄明投滿。如果這是真的，那麼似乎在十七世紀時，靳氏就把明朝的世襲軍户身份換成了清朝的世襲軍户身份。而靳氏加入滿洲的原因，是因爲他們所屬的軍隊被俘，還是他們考慮到在清初享有高位的可能性更大一些而主動投降，就不得而知了。我們既沒有辦法確認靳氏在明朝的服役情況，也沒有辦法確認他們對清朝投降的原委，其他所有現存傳記中都沒有包含這樣的背景資料。不過，王士禎所撰的墓志很可能反應了靳氏一族的自我印象，那即是他們在帝制時代晚期國家内占據了某個中層職位，而這一職位，不管誰實際掌權，都會保持不變。

據王士禎所言，靳輔與其妻楊氏和白氏生有四兒兩女。四子分別取名爲治豫、治雍、治魯、治齊。這位自信的清朝臣屬把他的四個兒子命名爲魯齊豫雍四個古國/州的"統治者"。通過這些名字，他寄望於他的兒子們可以保有不必處在最高層，而只要在國家秩序當中保有安安穩穩的地位。而他的願望也確實成真，到他去世時，四個兒子全都供職官府。王士禛所撰的墓志提到，靳輔年老後，立了一座家祠，幷仔細地對比朱熹和司馬光關於"禮"的記載來確定特殊時節應當使用的禮儀。周啓榮以及其他人的研究表明，很多十七世紀的中國家庭，特別是像靳氏這樣有過侍奉二主複雜歷史的，都不得不被迫反思自己的漢人身份問題。最常見的答案則是漢人身份不在於政治上向誰效忠，而在於忠實地確立從祖上傳承下來的禮儀習俗。然而，什麼纔是正確的禮儀？對於十七世紀後期的文人以及試圖弄清自身處於滿漢社會政治秩序地位中的家庭來說，整理尚存的關於中國古代禮儀的記載就成了一件大事。

不管這些細節暗示了些什麼，它們在王士禛撰寫的墓志中也不過是一筆帶過，而墓志主體看中的則是描寫靳輔對於黃河及淮河下游的治理。這裏，王士禛對靳氏及其家書的瞭解也依然至關重要，這是因爲王因此得以援引靳輔不曾公開的奏章。在這之後，其子靳治豫出版了靳輔的108份奏章，書名爲《靳文襄公奏疏》。王士禛援引的很多段落都可以在這部文集中找到，但也有部分似乎是從沒有收錄的文檔而來。王士禛的記載幷不完全遵循時間順序，而是着重突出靳輔的功

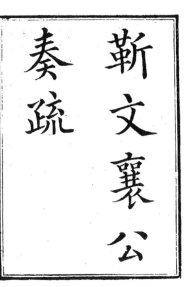

靳文襄公 奏疏

從來言水利者惟在疏泄
得宜節宣利導俾水無失
其性而我
朝定鼎以來歲漕東南四百餘
萬石以奠
天庚轉輸之力全資水利治河

《靳文襄公奏疏》

績。從這個方面來說，這正好與遵循時間順序的《奏疏》相得益彰，不過後者中的奏章也并沒有確切的日期。就如十九世紀的史家李祖陶所言，編纂靳輔的事迹須要同時用到《奏疏》、王士禛的墓志以及其他公開的資料。王士禛用幾個段落突出了靳輔治理河道背後的深入實際觀測和解析思路。數位研究靳輔河道治理的學者認爲他的觀點起碼屬於原科學，而且接近現代水文學。

如果王士禛寫的傳記把我們帶進了靳氏家族圈子原有的模樣，那它也存在着未能帶我們前往之處。比如靳輔和他的私人幕僚陳潢的關係，他跟康熙皇帝以及江南權貴對於江蘇中部洪水成因的長期爭論，以及他在1677年被免職的事情。由於這几件事中的任意一件都紛繁複雜，這裏只能簡要説明一下。陳潢在1688年靳輔被免職後就死於獄中，他是很多署名爲靳的奏章的公認作者，他和他的主官關係異常緊密，甚至執筆了一部關於治水的、靳問陳答的問對集。靳輔和康熙皇帝以及江南權貴的爭執主要源於他們對長江下游水文認知的不同，靳輔堅持己見幾乎到了冥頑不化的地步。在江南開墾土地軍屯的利弊問題上，靳輔和朝廷也持不同意見，江南權貴把軍屯行爲視爲竊取他們的土地，而康熙皇帝也傾向於同意這種觀點。儘管二十世紀的學者以及王士禛都傾慕於靳輔的功業，然而很多他的同代人卻覺得他自大而固執。固執己見自古以來就不是和中國帝王相處的好方式，以靳輔爲例，這就給了江南道禦史郭琇一個口實來彈劾他。在免職期間，靳輔著有《治河方略》，受到王士禛的推崇和引用，然而數年後此書纔得以刊行。不過這次免職也并不是永久的，當康熙皇帝贊嘆於靳輔的傑作——位於蘇北的中河——時又讓其復職。最終靳輔逝於任上。

志文：

光禄大夫總督河道提督軍務兵部尚書兼都察院右副都御史謚文襄靳公墓志銘

王士禛

康熙三十一年十一月十九日，總督河道提督軍務兵部尚書靳公，勤勞王事，卒於位。所司以聞，上震悼，恩恤有加禮，謚曰文襄。於是，其孤兵部職方員外郎治豫等，將奉公柩大葬於滿城縣之賜阡，既刻王言於豐碑，蛟龍贔屭，照耀萬古，用侈國恩。又謀刻隧道之石，以屬不佞士禛。士禛不得辭。

竊惟國家乘昌明之運，創久大之業，則必有鴻駿非常之人，名世間出，以亮天功。其力可以任大事，其識可以決大疑，其才可以成大功，其忠誠可以結主知，定浮議，卒使上下交孚，功成名立，而天下後世莫不信之，用能紀續惇史，譽流無窮。若靳公者，是其人已。

按狀：公諱輔，字紫垣，其先濟南歷城人也。明洪武中，始祖清，以百戶從軍戍遼，遂爲遼陽人，陣亡，得世襲千戶。數傳至守臣，守臣生國卿，國卿生應選，歷官通政使司右參議，即公考也。以公貴，三世俱皇贈光祿大夫總督河道提督軍務兵部尚書兼都察院右副都御史。

公生有至性，九歲喪母，執禮如成人。年十九入翰林爲編修，朝章國故已極博綜。遷兵部職方司郎中，通政使司右通政，遂進武英殿學士兼禮部侍郎。

康熙十年，特簡巡撫安徽等處都察院右副都御史。會《世祖章皇帝實錄》成，加一品服俸。皖屬頻旱，民多流冗，公力求民瘼，歸者數千家。鳳陽田野多蕪不治，公上補救三疏：一曰《募民開荒》，二曰《給本勸墾》，三曰《六年陞科》。

又上疏曰："致治之道，首在足民，足民有道，不在請賑蠲租，而在因民之力，教以生財之方。且鳳陽廣袤，何如蘇、松？蘇、松地方三百里，財賦甲天下，鳳陽方五百里而貢稅不及蘇、松什一，雖地有肥磽，詎應懸絕如此？蓋蘇、松擅水利，小港支河所在而是，旱既有資，潦復有洩，雖雨暘稍愆，卒不爲患。大江以北盡失溝洫之舊，稍遇水旱，即同石田，今欲田無曠土，歲無凶年，莫如力行溝田之法。溝田者，古井田遺意也。然井田自畝至澮，淺深廣狹，法制繁重。溝田但鑿一溝，修浚甚易，其法：以十畝爲一畖，二十畖爲一溝，以地三畝有奇爲二十畮中之經界，二十畮之外，圍以深溝，溝道廣一丈八尺，溝廣一丈二尺，深七尺五寸，開溝之土即纍溝道之上，使溝道高於田五尺，溝低於田七尺五寸，視溝道深一丈二尺五寸，澇則以田内之水車放溝中，旱則以溝中之水車灌田内。溝田一行，其利有四：水旱不虞，利一；溝洫既通，水有所洩，下流不憂驟漲，利二；財賦有所出，利三；經界既正，無隱占包賠之弊，利四。"

疏奏，方下部議舉行，而適滇閩變作。皖居三楚要害，其南歙郡逼處閩疆。公練標兵，募鄉勇，嚴斥堠，遠偵探，武備大振。巨寇宋標者，踞歙郡山中爲亂，聲撼遠近，以奇計擒之於巢湖，上流以安。

部議省驛遞之費以佐軍餉，事下直省巡撫條議。公疏謂："省費莫先省事。今督撫提鎮，每事必專員馳奏，糜費孔多。計惟事關軍機，必用專騎馳奏，餘悉彙奏，以三事爲率，是一騎足供三事之役矣。"議上，著爲令，歲省驛遞金錢百餘萬兩。加兵部尚書。

十六年河決江淮間，上稔公才，特命移皖江之節，以原官總督河道。時河道大壞，自蕭縣以下，黄水四潰，不復歸海，決於北者，橫流宿遷、沭陽、海州、安東等州縣；決於南者，匯洪澤湖、轉決下河七州縣，清口運道盡塞。公上下千里，泥行相度，喟然曰："河之壞，極矣！是未可以尺寸治之也，審全局於胸中，徹首尾而治之，庶有瘳乎。"

遂以經理河工事宜，條爲八疏奏之，大略謂：事有當師古者，有當酌今者，有當分別先後者，有當一時并舉者，而大旨以因勢利導爲主。廷議以軍興餉絀難之，姑令量修要害。公又疏言：“清江浦以下，不浚不築，則黃、淮無歸；清口以上，不鑿引河，則淮流不暢。高堰之決口不盡封塞，則淮分而刷沙不力，黃必内灌，而下流清水潭亦危。且黃河之南岸不堤，則高堰仍有隱憂；北岸不堤，則山以東必遭衝潰。故築堤岸，疏下流，塞決口，但有先後，無緩急，令不爲一勞永逸之計，年年築塞，年年潰敗，往鑒昭然，不惟勞民傷財，迄無所底，而河事且日壞。”疏上，廷議如前。

上以河道關係重大，并下前後廷議，使再具奏。公乃備陳利害，上悉如所請。已又疏請河之兩岸設減水壩，使暴漲隨減，不至傷堤。上復俞之。蓋上深知公忠果沉毅，可任大事，故排群議而用之。公感激知遇，仰秉廟謨，不憚胼胝，不辭艱鉅，不恤恩怨。

不數年，黃、淮兩河悉歸故道，漕運以通。清水潭工，淮揚間號稱首險，蓋全淮之水，挾黃河倒灌之水，自高堰決入高、寶兩湖，轉決於此，爲下河七州縣受水門户，屢塞屢決，至勞宵旰者纍年。公越潭避險從淺，所築堤遂用底績。

先是大司空估計潭工非六十萬不可，至是費僅十萬而功成，省水衡錢巨萬。又請裁冗員，專責成，嚴賞罰，改河夫爲兵，領以武弁。凡采柳運料、下埽打椿、增卑修薄諸務，畫地分疆，日稽月考，著爲令甲，而諉卸中飽諸弊悉絕。凡公所爲，懲因循，謀經久，皆此類也。

十七年冬，疏報湖河決口，盡行閉合。上喜悅，優詔批答，褒勉有加。先是，南北兩運口，乃漕艘必由之道，而運與黃通，時爲河飽。歲須挑浚，官民交病。北口舊在徐州之留城東，徙宿遷之皁河，且三百里，黃河一漲，時苦淤澱。公於皁河迤東挑河二十里，以束運河之水。

又謂：凡水性下行，一里當低一寸，使新河高於黃河二尺，則黃不能入運，而南口則移其閘於淮內，使全受淮水，淮清黃濁，沙不得停，即或黃强淮弱，灌必不久，淮水一發，淤即洮汰無餘。

兩運口既治，數百年凤害頓除。又謂：水性本柔，乘風則剛，板石諸工，力不能禦。乃於洪澤湖增築坦坡，殺水之怒以衛堤。復督河官沿河植柳，以備埽而固堤，堤乃益堅，埽不遠購。防河之法至是大備。

二十三年，車駕南巡視河，天顏有喜。御書《閱河堤》詩一章賜公，及佳哈、御舟、上用帷幕，皆異數。黃、淮兩河既歸故道，於是疏請開中河三百里，專導山東之水。初，山東沂、泗、汶、泇諸水，一當暴漲，漂溺宿、桃、清、山、安、沭、海七州縣民田無算，且匯入黃河，黃水益怒，益以淮水，三瀆爭流，以趨清口，上流橫潰，則下流益緩，緩則益淤，而上流愈潰。

又漕艘道出黃河二百里，涉風濤不測之險，買夫輓溜，費且不訾。中河既成，殺黃河之勢，灑七邑之災，漕艘揚帆，若過枕席。説者謂中河之役，爲國家百世之利，功不在宋禮開會通，陳瑄鑿清江之下云。公治河首尾十年，決排疏瀹，因勢利導，使三瀆各得其所，而河以大治。

二十六年，詔問治淮揚下河之策，公持議謂"治下河，當竟治上河"，與群議異，言者蠭起，公遂罷。二十八年春，上再南巡視河，公迎於淮安，上顧問河工善後事宜甚悉，詔旨復公官，以原品致仕，有"實心任事"之褒。

公家居三載，上念公功不忘，凡三命閲河，一賜召對。三十一年，特旨起公田間，以原官總督河道。以老病辭，不許。

會陝西西、鳳二府災，有旨截留南漕二十萬石，泝河而上。備貯蒲州，以賑秦民，仍命公董其役。公不敢復辭，力疾就道。上念公老病，再賜佳哈、御舟，以旌異之。公至，即經畫西運，周詳曲至。自清河至滎澤以達三門，底柱安流無恙，始終不役一夫而事集。

西運將竣，遂以病狀疏聞，特命公長子治豫馳驛省視，而命公歸淮上調理。時公病已劇，猶疏陳兩河善後之策，及河工守成事宜幾萬言。又請豁開河、築堤廢田之糧，并清淤出成熟地畝之賦。上特命大學士張公玉書、尚書圖納公、尚書熊公賜履前後往，相度清釐之。尋，復以病求罷，上猶不許，而命治豫往視疾。未至再疏求罷，始得請，則公以是日考終官舍矣。實康熙三十一年十一月十九日也。

遺疏上聞，上臨軒歎息。靈輀既歸，特命入都城返厝其家，前此所未有也。命大臣、侍衛奠酒、賜茶，命禮部議賜祭葬，命內閣議易名，賜諡文襄。飾終之典，一時無兩。嗚呼！公於君臣遇合之際，以功名靖獻，以恩禮始終，得於天者可謂厚矣。

公著《治河書》十二卷，前後奏疏若干卷。嘗論古今治河成敗之故，略曰：今經生言河事，莫不侈談賈讓《三策》，愚以爲不然。讓上策欲徙冀州之民，自宋時河徙，已非漢之故道；中策多張水門，旱則開東方下水門，以溉冀州，水則開西方高門，以分河流，不知黃河所經，卑即淤高，數年之後，水從何放？且《禹貢》言"九州既陂"，所謂陂，即今之堤也。蓋水流甚平，而地勢有高下，使非築堤約束，水經由卑地，能不漫潰乎？讓爲繕完故堤，增卑倍薄，乃爲下策，是故與《禹貢》相反。讓之智，顧出神禹上哉？共持論如此。故公治河盡矯讓言，專主築堤束水，功乃告成，其詳具載《治河書》。後之人可考按而得公之用心，與其所以底績者，亦千古河防之龜鏡也。

公天性孝友，事通政公無唾洟跛倚。世父副使公彥選無子，喪葬盡禮。從伯父承選歿，遺一孤子，延師訓之，爲完婚娶，謀生產。愛弟郎中弼、南安知府襄，不殊一身，撫弟子如子。居家嚴肅，儼若朝典，作宗譜家訓，俾子姓世守之。仕稍貴，即建家廟，凡吉凶祭葬，幣祝日時之儀，皆斟酌古禮，參互於司馬文正公、朱文公之説，著之家乘。

平生不苟言笑，一言之出，終身可復。行己齊家，類多可書，不具論。論其大者，而功名尤在治河一事，其利益在國家，其德澤在生民。卒之食少事多，鞠躬盡瘁，古所謂社稷臣，公無愧矣。

公生於天聰七年癸酉，卒於康熙三十一年壬申，得年六十。元配楊氏，纍贈一品夫人。繼配白氏，纍贈一品夫人。子四：治豫，兵部職方清吏司員外郎兼管佐領；治雍，渾源州知州；治魯，八品官；治齊，教諭。女二，適高某、朱某。孫八人，樹基、樹喬、樹滋、樹畹、樹玉、樹德、樹功、廣寧。曾孫一人。系之銘曰：

黃河萬里來崑崙，下歷積石經龍門。決排疏瀹禹績存，九川從此乃滌源。漢歌瓠子淇竹殫，沈馬玉璧勞至尊。大河日徙東南奔，波濤沸鬱愁魚黿。帝命寶臣康厥屯，乘樺蹈壵忘朝飱。河伯效靈波澐澐，河淮不復憂清渾。揚徐千里禾稼繁，漕艘百萬如騰騫。維帝念公錫便蕃，功成十載德弗諼。公騎箕尾民煩冤，巷哭過車手舉幡。黃腸秘器賜東園，豐碑金粟開高原。天祿辟邪左右蹲，雲車風馬無朝昏。山重水掩安且敦，千秋萬世宜子孫。[1]

[1]（清）王士禛《王士禛全集》，齊魯書社，2007年，第三册，第1865—1872頁。

延伸閱讀：

史景遷（Jonathan Spence）:《中國皇帝：康熙自畫像》(*Emperor of China: Self-Portrait of Kang-hsi*)，蘭登出版社，1974年。

史景遷（Jonathan Spence）:《康熙朝》(The Kang-hsi Reign)，裴德生（Willard J. Peterson）編，《劍橋中國史・清代》第九冊第一部分（*Cambridge History of China, Vol. 9, Part 1*），劍橋大學出版社，2002年，第120—182頁。

勞倫斯・凱斯勒（Lawrence D. Kessler）:《康熙與清代統治的鞏固》(*Kang-hsi and the Consolidation of Ch'ing Rule*)，芝加哥大學出版社，1976年。

蓋博堅（R. Kent Guy）:《經略各省》(Governing Provinces)，裴德生（Willard J. Peterson）編，《劍橋中國史・清代》第九冊第二部分（*Cambridge History of China, Vol. 9, Part 2*），劍橋大學出版社，2002年，第1—76頁。

（蓋博堅 [R. Kent Guy]）

第二十章

執意殉夫之婦

戴　氏（1666—1687）

本篇合葬墓志銘是清初大儒毛奇齡爲一對年輕夫
婦所寫，內容述及一位丈夫科考落第病死，以及
他的妻子在夫亡之後執意殉死之事。本文揭示了
明清時期流行的情教觀與貞節觀。

導讀：

　　明清婦女在夫亡後拒絕再嫁，被頌揚爲嚴守婦德。
許多寡婦，尤其是爲夫家奉獻良久的女性被公開褒揚。
有些喪夫的婦女不只是拒絕再婚，更以自殘的方式以求
與亡夫重聚於九泉之下。也有一些是年輕即訂婚，而於
未婚夫身亡後拒絕再嫁者，她們被稱爲"貞女"。這種
貞節崇拜被國家旌表制度獎勵，被文人學士歌頌婦德典
範所提倡。目前的研究也顯示，科舉競爭愈激烈的地
區，產生愈多貞節烈女的傳記。當男性難以藉由取得官
職來提升家族地位，他們可能會愈加利用提倡族中婦女
德行來光耀門楣。

毛奇齡（1623—1716）

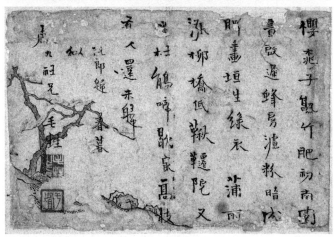

毛奇齡書法

以下這篇合葬墓志銘是爲生員吳錫（1666—1687）以及與他同齡的妻子戴氏（1666—1687）所寫，吳22歲即過世，戴不久也結束自己的性命。作者毛奇齡（1623—1716）是清初重要的學士與考據學家，以强烈反對新儒家如朱熹（1130—1200）的正統學説聞名。他是浙江蕭山人，一位博學的學者，精通聲韻、音律、史地與諸子百家之學。明亡之初曾拒絶出仕清朝，然而康熙十八年（1679）他通過博學鴻儒科，進入史館纂修《明史》。康熙二十四年（1685）致仕後，他僑寓杭州教學，這篇《吳文學暨烈婦戴氏合葬墓志銘》即寫於同時期（約康熙二十八年）。

關於貞女未婚守志，毛奇齡早年贊同，在明史館時（康熙十八至二十四年，1679—1685），還堅持貞女應入史傳。但晚年約康熙四十一年（1702）左右，他改變立場，認爲貞女未真正完成婚禮，不足以"成妻"，批評女子爲未婚夫殉死，實不合乎禮。其後康熙五十年（1711）他甚至後悔曾爲吳錫與戴氏寫過這篇合葬墓志銘，雖然他們確已成婚，但他擔憂過於表彰貞節烈女，會使人們起而效尤。其實在這篇墓志銘中，他已表達對女性殉夫的憂心。吳與戴兩人之死只差42天，最後被合葬於同一墓室。

合葬的習俗最早在戰國時期就已出現。中古時期，夫婦（或家族）合葬已是普遍現象，直到明清依舊如此。死者們可能被葬在相同或者不同的墓室，有時死後若干年纔移葬在一起。

在這篇墓志銘中，我們可以見到作者的重情觀。從唐到清代，文人在墓志銘中對於夫妻之情的表達，有不同的展現。唐代夫妻被比喻爲"鳳凰于飛"；宋代墓志銘的比較關心婦女與婆家成員的和諧關係，特別是寡婦的生活；明中葉則可見不少"標準化"的語言來歌頌婦女，晚明文人更不吝表達對亡妻的哀悼之情；而到了十七世紀，重情觀在婚姻關係的書寫上則有消退的迹象。但在這篇夫妻合葬墓志銘中，毛奇齡具體描繪了吳錫苦於準備科考與戴氏執意殉夫的過程，清晰地述及吳錫與戴氏的情感表達。

志文：

吳文學暨烈婦戴氏合葬墓志銘

毛奇齡

吳與戴望族，而爲婚姻。吳氏有子，四歲，讀《通鑒》，括錄數過成誦。五歲，能論列代史興亡治忽，并人物臧否。七歲，通《詩》《書》《易》《春秋左氏傳》《國策》《史記》《漢書》及諸子之名者。八歲，習舉文。九歲，應試，家人抱内（納）之，辰授題，已即繳卷。提學使憐其幼，曰："是能勝衣巾乎？"待之次歲，再試，文益工，遂補錢塘學生員。當是時，吳氏子聲藉甚，目爲聖童，且曰："此非天所錫不至此。"因名錫，字天與。而比鄰戴氏女，十歲矣。父死，女哭泣過哀，幾失明，鄉中人以孝女呼之，曰："孝女不當爲聖童配耶？"因聘焉。十六歲，合卺。十七歲，病。

先是，天與十五歲，試于鄉，以斥落憤懣，仿李賀送沈亞之下第詩以見志。至是，年十八，偕其弟鑰，同赴甲子秋鄉試。天與既自負，弟亦年少，相繼起，以爲必得，乃并就斥落，則益憤，吟孟郊《再下第》詩"一夕九起嗟"句，曰："吾何用起矣！"晝負枕卧，書空百餘字，或强飲醇酒，不自適慷慨。既而屛舉文，鍵其户，出所讀漢魏古文賦，兀坐矹矹。又所居山齋過寂僻，朝暮林莽，多草木蒿弇之氣，浸淫薄蝕，遂致病。越三年，病劇死。

當天與病時，戴侍湯藥不税衣。賣所飾珥環，祈佛禮斗籙，冀以少濟。知不治，請死天與前。天與曰："吾未死而汝先死以待之，是以死促我也。"戴泣而止。至是，天與將屬纊，呼弟鑰曰："吾察汝嫂將必死。我死，囑家人伺之，脱必不可奪，則聽之耳。"

天與死，戴果泣不止，以首觸柩，碎首，血被面。家人環伺之。絞以巾，刺以裙刀，凡求死者七，最後仰金，不得死。

母慰之曰："兒素以孝稱，今母在，兒死何也？"曰："兒在家，死父，今死夫，命也。兒不孝，兒不能復事母矣！"乃密壞玻璃乳瓶，吞其廉，斷腸，嘔碧血數升死。距天與死時，凡四十二日，今喪家所稱六七辰者。

鄉人趙佩等五十八人，與杭州府仁和、錢塘二縣三學生員王大成等四十五人，齊詣府縣，公揭舉烈婦。

府縣以其揭上之督撫及提學諸使，督撫、提學諸使復下之布、按及府縣，取給并事實，題旌建坊。

而以吳、戴籍新安，由世業鹽筴來杭，杭之商籍自新安者，合紳士楊大生等一百人，復舉之巡鹽御史，咨請會題。而先給榜額懸其門，且捐金辦物，親爲文祭于柩堂。其親黨、同籍復合錢構祠于西湖葛洪嶺之陽，而以次年己巳四月四日，卜葬于祠側，使來請銘。予聞自昔言婦道者，曰"從一而終"，又曰"一與之齊，終身不改"。然亦言從一，言不改已耳，未聞其以死也。即或不得已，有奪之，有侵且辱之，則必矢死以明其靡他。然亦矢志則然，或不必即死；即死，亦先示以死，或戳鼻或劓面，或斷臂、割髮，不必其竟死也。乃未嘗奪之而矢死，矢死而必于死，且必于竟死，無乃太過？然而自陶唐以後，趙宋以前，凡忠臣孝子，弟弟信友，往往爲非常之行、過情之舉，以徑行其志。進無所顧，退無所忌，無一不與烈婦之所爲相爲合符。夷之遵父，伊之見祖，王子之致身，泰伯、虞仲之讓弟，左桃、羊角哀之死友，皆是也。

自不偏之說起，審身度物，動多絜量，左顧右盼，惟恐或過。于是以伯奇爲從親，豫讓爲任俠，霍子孟爲不學，田叔都、鄧攸爲畸行，邳君章、荀巨伯爲輕于殉友，以致忠孝廉節，舉足有礙。雖以二宋之慘烈，君亡國破，而講學之徒，無一人爲之死者。幸而其説不及于閨中耳。

予少入鄉學，學師説孝行，埋兒刻母，不一而足。初聞之惕然，既而慨然，又既而中心怦怦，以爲世固有至行如是者，吾何爲不然？歸而述其語，遍告家人，至有語及而頤戟，言未畢而泪已傾者。而先教諭兄講學日久，聞予言而惡之，謂少年誤學，是非正行，不足道。埋兒斷嗣，出妻傷恩，刻木虐鄰，臥冰毀性，凡有一于此，即爲不孝，而況從彙之？不觀有明之功令乎！傷生滅性，剟體廬墓，得加以罪。而子方奉爲至行，過矣！

予聞之，爽然而失，隤然而自廢，迄于今五十餘年，卒不得爲孝子、爲弟弟者，一言之誤也。觀烈婦所爲，可以返已。

天與以康熙二十七年二月十三日卒，而烈婦即以是年三月二十四日殉之，皆享年二十有二。

天與之父孚中君嘗謂人曰：“烈婦十六歲而歸吾子，二十二死，吾樂有子者十六年，其樂有子婦，裁六年耳。乃吾子以二月死，而烈婦之死以三月。三月以前，吾痛吾子；三月以後，吾痛吾媳。是吾痛子衹一月，而痛烈婦者且終身也！”又曰：“烈婦每求死，則每救之。然而多一救，則多一苦，至苦極，而罔救矣！”哀哉！乃合爲銘。銘曰：

初謂孝女，可配聖童。詎意修文之婦，而竟以烈終。其生同歲，其死時又同。今又同穴，曰惟一之從。葛山之麓，西泠之東，中有冢焉，樹之以梓桐。惟鴛鴦棲之，以雌以雄。其朝夕相隨，翱翔乎西東者，或分而合，或違而從；所不可分違者，惟冢中。[1]

延伸閱讀：

柯麗德（Katherine Carlitz）:《明中期江南的祠堂、統治階層特點及寡婦守節的流行》（Shrines, Governing-Class Identity, and the Cult of Widow Fidelity in Mid-Ming Jiangnan），《亞洲研究》（Journal of Asian Studies）第56輯，第3期（1997），第612—640頁。此文中譯版，收入伊沛霞、姚平主編，《當代西方漢學研究集萃》婦女史卷，2012年，第111—146頁。

曼素恩（Susan Mann）:《清代宗族、階層與社群結構中的寡婦》（Widows in the Kinship, Class, and Community Structures of Qing Dynasty China），《亞洲研究》（Journal of Asian Studies）第46輯，第1期（1987），第37—56頁。

羅浦洛（Paul S. Ropp）、曾佩琳（Paola Zamperini）、宋漢理（Harriet T. Zurndorfer）:《烈女：明清女性自殺研究》（Passionate Women: Female Suicide in Late Imperial China），博睿學術出版社（Brill），2001年。

田汝康（T'ien, Ju-kang）:《男性焦慮與女性貞節：明清時代中國道德觀的比較研究》（Male Anxiety and Female

---

[1]（清）毛奇齡《西河文集》卷98，國學基本叢書，臺灣商務印書館，1968年，墓志銘八，第1141—1144頁。

Chastity: A Comparative Study of Chinese Ethical Values in Ming-Ch'ing Times），博睿學術出版社（Brill），1988年。

盧葦菁（Lu Weijing）:《貞女傳記——禮儀論辯、道德批評和個人反思的平臺》(Faithful Maiden Biographies: A Forum for Ritual Debate, Moral Critique, and Personal Reflection)，收於季家珍（Joan Judge）、胡纓（Hu Ying）編,《重讀中國女性生命故事》(*Beyond Exemplar Tales: Women's Biography in Chinese History*)，加利福尼亞州大學出版社，2011年，第88—103頁。此書中譯版，江蘇人民出版社，2011年。

（衣若蘭）

第二十一章

一個妻子的自我犧牲

孫　氏（1769—1833）

這篇生志作於妻子尚未棄世之時，它栩栩如生地
描寫了一個身患嚴重殘疾的女性是如何堅韌不
拔，成功理家的。作者稱他的妻子爲良友，且毫
不掩飾對妻子的愛和感激。

導讀：

夫妻關係是儒家"五倫"之一，是人類社會秩序的
基礎。儒家典籍強調夫妻之別，雖然也同時承認夫妻在
祭祀禮儀上的同等地位。夫妻之間以互相尊重和妻子順
從夫君爲原則。然而，在儒家道德規範之外，中國文化
非常重視夫妻間的情感。夫婦恩愛的標誌性象徵，比如
成雙的鴛鴦，從古一直延續至今。在明清時期（1368—
1911），由對情的崇拜和對女子文學及藝術才華的贊美，
催生了一種新的以才情契合爲基礎的理想婚姻。十八世
紀沈復（1763—1832）和陳芸的婚姻即是一例。沈氏所
著的《浮生六記》詳細描述了他們的美滿婚姻，其間亦

有和他父母兄弟的家庭衝突。

有清一代，受過教育的夫妻用多種文體表達伉儷之情和對對方忠誠陪伴的感激。詩歌是尤其受男女青睞的表達形式。與之形成對比，傳記和墓誌——其作者基本上是男性——聚焦在稱頌妻子的賢能，持家有方。有的丈夫甚至把本人仕途成就歸功於妻子。爲妻子撰寫墓誌的傳統源于古代（見本書第十三章），但在明清時期，墓誌寫作的“世俗化”使許多非名門貴族出身的女子也成了墓誌之主，而且墓誌描述的事迹也趨於平常化。

方東樹（1772—1851）出身於安徽桐城，是桐城派主要作家之一。[1]他師從姚鼐，後來自己也成爲知名的老師。方東樹的思想和學術興趣從儒家擴展到其他學派和佛教。他是宋學的堅定追隨者，提倡從思想和哲學角度研究儒家經典，反對十八世紀的漢學考據派。[2]方氏一身著述豐富，其中《漢學商兌》即爲攻擊考據學派而作。

儘管方東樹在十九世紀思想史上占有一席之地，他在科舉仕途上卻很不順利。他在22歲那年考取秀才，之後十次嘗試每三年舉行一次的省試，均以下第告終。五十多歲時，他徹底放棄科考。迫於貧困，方東樹常年

---

[1] 桐城派由安徽桐城作家創建，強調文章的義理和樸素簡潔的文風。
[2] 漢學和宋學因其不同的思想學術研究的目的和方法源於漢宋兩代而得名。在清代，漢學發達於盛清時期（約十八世紀），而宋學在清代後期復興。

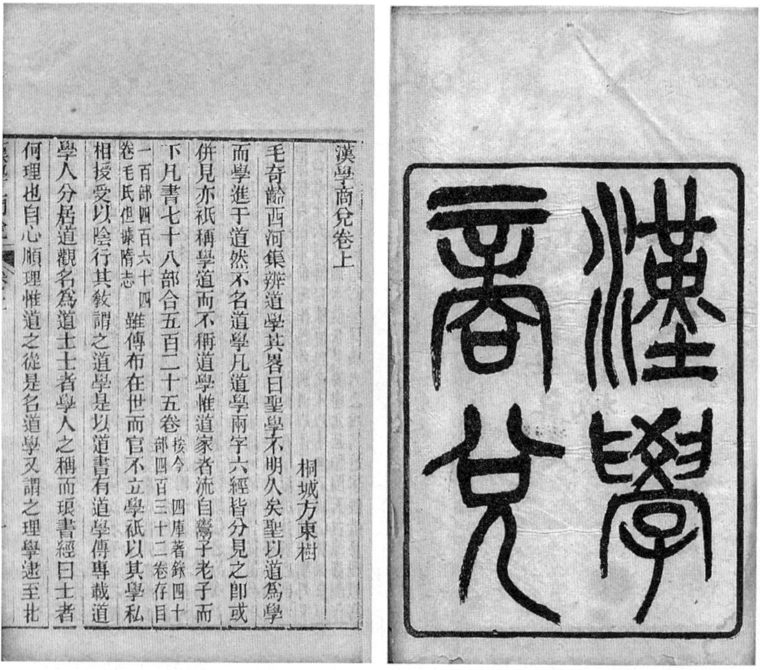
漢學商兌

漢學商兌卷上　桐城方東樹

毛奇齡西河集辨道學畧曰聖學不明久矣聖以道為學而學進于道然不名道學凡道學兩字六經皆分見之即或併見亦祇稱學道而不稱道學惟道家者流自鬻子老子而下凡書七十八部合五百二十五卷按今四庫著錄四十部四百三十二卷存目一百部四百六十四卷毛氏但據隋志雖傳布在世而官不立學祇以其學私相授受以陰行其教謂之道學是以道書有道學傳專載道學人分居道觀名為道士士者學人之稱而瑣書經曰士者何理也自心順理惟道之從是名道學又謂之理學逮至北

方東樹《漢學商兌》
光緒己丑（1889）刻本

奔波在外，尋找教職或幕僚之職。在兩廣總督阮元幕下時，方東樹主持修撰江寧府志和廣東省志。晚年在幾個書院任主講。雖然從未成爲官宦，但是方東樹仍熱衷於社會和政治問題。十九世紀三十年代晚期，他爲兩廣總督鄧廷楨（1776—1846）幕僚時，據說曾極力鼓動鄧暗殺英國駐華商務總監查理義律（Charles Elliot）以根除鴉片泛濫的問題。

方東樹在外的時間遠遠超過在家的時間。這一點以及他一生遭遇的辛苦和失望給他爲妻子孫氏寫的《生志》塗上一層特別的色彩。這篇《生志》作於1831年，方東樹60歲，孫氏63歲。當時，方東樹在安徽宿松書院，剛撰寫了一篇家傳。孫氏兩年以後纔去世。孫氏去世數月之後，在她65歲生日時，方東樹又寫了一長篇《書妻孫氏生志後》。在那篇後記裏，方描述了在孫氏去世前的幾個月，他如何心神恍惚，擔憂孫氏長逝而去。當得到孫氏去世的消息時，他身心崩潰，幾乎喪失生存的勇氣。

方東樹在妻子尚未去世時即爲她撰寫墓志，這一點與傳統不符。除了《生志》，他在《志後》再次說明他這麼做的原因："爲妻作《生志》，欲其見之，以慰其心。"其他人當然會閱讀這篇《生志》，但是，他主要是爲妻子而作的。

這篇墓志栩栩如生地書寫了一個非凡的女子，她的嚴重殘疾把婦女持家的堅韌、勇氣、能幹和毅力表現得分外突出。經過多年癱瘓之後，孫氏在44歲時徹底喪失了行動的能力。然而，年復一年，她克服了無法想象的困難，繼續成功地持家。方東樹常年離家成爲顯現她非凡毅力的一個背景。這個案例因此也説明，當落魄的士子常年在外謀求生計成爲一種常態時，妻子便成了維持家庭的中堅。清代夫妻分離的常態化對夫妻關係有深刻的影響。

方東樹對妻子的感情貫穿着這篇《生志》。當然，方東樹并無意將他們之間寫成平等的關係。他基本上從妻子對家庭的奉獻和對他本人的忠誠的構架來描述妻子的美德。但是他對妻子的依戀亦顯而易見，比如他在《志後》中寫道："人生有死，百年必至之常期。維共貧賤同憂患者難忘。吾又寡兄弟戚屬，行止出入維妻能憫我疾苦，諒我端良。自今無有能憫我諒我者矣。"

方東樹描述妻子的生活行止，充滿了負疚之感。他并不把她的辛勞和自我犧牲視爲理所當然。贊美她的懿行和成就同時也是表白他作爲丈夫的欠缺——是他蹉跎的命運給她帶來艱難困苦。方東樹眼中孫氏的很多品德通常是用於男性的。他這樣表述她的沉着：喜愠不形于色，從不抱怨。她甚至比方本人心胸更寬。方東樹筆下的孫氏不光是一位忠誠盡職的妻子，而且是品質超群的個人。

方稱他的妻子爲"良友"。他描寫了回家之後和妻子爲伴品評人物時政的喜悅。這一思想精神上的聯繫使他們之間的關係更深一層。作爲爲一個道學家，方東樹很可能不會贊成浪漫的夫妻關係，但是這篇《生志》給我們提供新的思考夫妻關係的材料。

志文：

妻孫氏生志
方東樹

妻孫氏生於乾隆己丑年九月十三日，年二十五歸余，今三十九矣。憐其備歷愍艱，老病且死，乃豫爲之志，道其苦并述其行，及其見之也，以慰其心。以妻平生知文字爲可貴，又樂余之能文也，謂庶可以著其不朽故也。

妻以癸丑年冬歸余，逾二年喪其母，毀瘠幾滅性，一弟未受室，父遠客，乃歸代理其家，居一年始返。是時吾家尤窮空，先君子困處，大母老病，無以贍朝夕，余迫生故遂出游授經爲養，脩俸所入，薄不能兼顧，妻凡有所需，常典質自給。嘉慶己未，余客江右，是歲邑中痘殤，一月之間，吾兩弟妹及兩女皆亡，妻抱其子而哭其女，撫其屍無以爲殮。妻嘗爲余述其事而不忍竟其詞。

以居隘卑濕兼患氣中傷，得痺疾，不能良行，初猶扶杖强起，醫者誤投方藥，遂致篤廢，手足俱攣，癸酉年也。丙子，吾在江蘇胡中丞幕，而吾父殁，吾母老疾不任事，妻以冢婦持家，責無旁貸，竭力以主大事，禮無違者。明年，余羈旅江寧，漂困揚州，而大母繼殁，妻所以治辦喪事者校吾父之殁而備艱矣。頻年之間更兩大喪，余以不孝，皆遠避而獨以委於妻，是固私心所慘愧而無可言者也。

又明年，余客粵東，妻又爲長子納婦。自癸酉以來至於今，凡十有九年，每朝則令人負之起，坐一榻，漏三下，又負之就席，以爲常，其餘終歲終日踞坐一案，凡米鹽所需、追呼所告、喪祭所供、賓親所接，紛至沓來，悉以一心一口運之。嗚呼！是健男子所莫能支，而以一病婦人當之，其亦可謂難矣。

妻知書，通《毛詩》，子未就傅，嘗自課之。性剛明厚重，有蘊蓄，喜慍不形，雖甚急，無惶遽色，雖甚窮，無慼容悲語，轉側痛苦，未嘗呻吟呼天及父母。與人言以誠，無巧僞。哭死必哀，見人有苦，常慈憫。行事有常度，明於大義，雖無財而事所當行，未嘗廢。

余賦氣弱，自少多疾，妻來時，余羸瘠不成形，又常咯血，妻常恐余死，以故無論在家在外，一心常念余若在病者，常舍其疾以憂余之疾，數十年如一日。余偶歸則所以視寒燠飢飽之節者甚至，余意有所欲行，但聞言必謹成之，從未有一事梗避齟齬怨阻者。常默計余所需，不待告語，莫不夙辦。余每念，以妻之事余若移之子事父母，可稱孝子，故雖非有古人異量德賢而揆之婦行，實無所闕，其亦可以謂之君子女者矣。

余嘗十赴秋闈不得售，妻謂余曰："吾在室，望吾父。及歸，望舅。繼又望君。而終不獲一如意。"此雖俗情而其言亦可悲矣。余性不深，固好直言人失，常以取怨，妻每諫余，迄未能改，以此愧之。余出在外，幸與賢士大夫交游，妻聞之，樂聞與商榷人士才性賢否及時事之是非，皆能解意表。故余不歸，歸則如對一良友焉。妻母弟仕於廣東，爲知縣，妻無幾微之念望其濡沫，及其弟所以待姊者甚疏，亦無幾微之念以爲怨，此則余亦服其度之不可及也已。

吾嘗謂妻曰："汝勿死，待吾力稍裕能爲若具棺殮而後可。"斯言也，因循十餘年未能酬，今歲辛卯，始奮然決志爲假貸，購材木，使匠合成之，於余心爲稍盡矣。余痛先子之殁也，材木未美，又感姚氏姑及七叔父之事，誓於神明，不許厚殮，用自罰以求安吾心，而於妻獨勤勤如此者，吾無符偉明之德，不敢以妻子行志，又所以報其代余兩大喪之勞也。

妻桐城世族，五世祖節愍公諱臨，曾祖陝西興漢鎮總兵諱建勛，祖癸未進士諱顏，而邑庠生諱詹泰之女也。初，妻叔辛酉進士起峘與先君交最篤，愛余所作詩文，謔於其兄嫂而以女焉。銘曰：

暇豫不敢望啟處者，生人之常。天罰酷於余，而

以爲君殃。懵荼薺之匪固，性誠壹其如忘。銘余詞
兮使睹，要後死之無傷。語徵實而無溢，允昭顯於
德行。[1]

延伸閱讀：

白亞仁（Barr, Allan H）：《清代早期的婚姻和悼念亡妻》
（Marriage and Mourning in Early-Qing Tributes to Wives），
《男女：中國的男性，女性和社會性別》（*Nan Nü: Men,
Women and Gender in China*）第15輯，第1期（2013），
第137—178頁。

黃衛總（Martin Huang）：《私密的記憶：晚期中華帝國的性別
與悼亡》（*Intimate Memory: Gender and Mourning in Late
Imperial China*），紐約州立大學出版社，2018年。

黃衛總（Martin Huang）：《構建婦德：明末清初的内疚，記
憶，與喪妻之痛中的丈夫》（Negotiating Wifely Virtues:
Guilt, Memory, and Grieving Husbands in Seventeenth-
Century China），《男女：中國的男性，女性和社會性別》
（*Nan Nü: Men, Women and Gender in China*）第15輯，第
1期（2013），第109—136頁。

盧葦菁（Lu Weijing）：《書寫伉儷情：王照圓和郝懿行的〈和
鳴集〉》（Writing Love: *The Heming ji* by Wang Zhaoyuan
and Hao Yixing），收於柏文莉（Beverly Bossler）編，
《社會性別和中國歷史：轉變性的相遇》（*Gender and
Chinese History: Transformative Encounters*），華盛頓大學
出版社，2015年。

---

[1]（清）方東樹《考槃集文録》卷11。

曼素恩（Susan Mann）:《清中葉縉紳家庭中的嫁妝和婦德》（Dowry Wealth and Wifely Virtue in Mid-Qing Gentry Households），《清史問題》（*Late Imperial China*）第29輯，第1期（2008），第64—76頁。

（盧葦菁）

第二十二章

妻子的深情致敬

曾　詠（1813—1862）

一位有學識的女性、成就卓然的詩人，選擇在丈夫靈柩落葬時爲其撰寫墓志銘。十八年前，她的丈夫在與太平軍交戰中病故。除了將丈夫描繪成一位原則性強且富於悲憫之心的地方官員，這篇哀悼性質的傳記也記載了關於太平天國運動給江西民衆造成的創傷的大量細節。

導讀：

在經歷了康熙（1662—1722）、雍正（1723—1735）、乾隆（1736—1795）三朝穩定、繁榮的時期後，清王朝自十九世紀始，開始面對接二連三的社會動蕩與暴亂，以及西方帝國主義列強全球擴張導致的不斷加強的侵略行徑。十九世紀中葉，清王朝在第一次鴉片戰爭（1839—1842）中遭受失敗，導致割讓香港給英國，被迫同意英國向中國出口鴉片的權益不受限制。此外，在對外開放的五處通商口岸，外國人享有治外法權。困擾於民間廣泛存在的鴉片成癮問題，清政府也不得不應對帝國內部各地爆發的叛亂與民變。最早爆發的是在中西部地區的川楚白蓮教之亂（1796—1804）。一些白蓮教徒組成"撚黨/撚子"，領導了後來在華北、華東地區爆發的撚亂（1853—1868）。同一時期爆發的太平天國運動（1850—1864）從華南向北蔓延，波及東南地區省份，并一度逼近首都北京。此外，整個十九世紀，從西南邊疆的雲南到西北的甘肅，都遭受了週期性爆發的回亂。

1862年左錫嘉（1831—1896）的丈夫曾詠（1813—1862）去世時，太平軍已重創了作爲清帝國經濟、文化中心的江南地區（包括今江蘇、浙江和安徽三省的大部分地區）長達12年之久。太平天國運動開始於1850年，當時是一個拜上帝的基督教派，由科舉落榜生洪秀全（1814—1864）領導，得到西南廣西鄉間不滿當時社會的客家農民響應。這一運動很快就演變成一股向北席捲的巨大軍事力量，發起了一場反對清政府統治的大規模內戰。捲入戰爭的民衆，或被迫改換信仰，或被徵召從軍，或在戰亂中被屠殺。1853年，太平軍攻陷南京，將之定爲太平天國國都。在此後十多年中，絕大多數人口遭受了太平軍與清軍作戰帶來的暴力與混亂。據估計，太平天國運動期間有兩千萬人喪生。

據左錫嘉爲其夫曾詠撰寫的墓志銘所述，曾詠曾經作爲江西吉安知府與太平軍交戰，後被最終成功鎮壓叛

左錫嘉 富貴雙壽圖
同治壬申（1872）繪

左錫嘉 花卉圖
光緒庚寅（1890）繪

亂的清廷官員與軍事首領曾國藩（1811—1872）行檄調動，在已從太平軍佔領下收復的戰略重鎮安慶（今屬安徽省）加入清軍，但不久即病故於軍前。在他死後第二年（1863），爲了將丈夫的靈柩運回臨近成都的四川老家，左錫嘉冒着生命危險，沿長江逆流而上，開始了一段艱苦的旅程。

1880年，曾詠病故18年後，終於在家鄉華陽下葬。左錫嘉爲此撰寫了一篇感人的長篇墓志銘。按左錫嘉的敘述，她是曾詠的第四任妻子。曾詠的前三位夫人已相繼去世，并且沒有子女，原配甚至在正式成婚前就已亡故。左錫嘉出身於聲望極高的士大夫家族——江蘇省陽湖縣的左家。由於母親在其年幼時去世，左錫嘉和與她一樣富有才華的姊妹們由父親負責教育而她尤其以擅長詩歌與繪畫聞名。左錫嘉比丈夫年輕18歲，育有三子六女。曾詠病故時，孩子都還年幼，由三十出頭就成爲寡婦的左錫嘉撫養。墓志銘以左錫嘉爲何寫作這篇墓志銘開篇。相比他們已經成人的子女，或者其他任何親屬，左錫嘉對於其夫生平的各個階段，理應具有最親密、最詳細的瞭解。她在介紹中提到，按照慣常步驟，她本該先寫一份行狀事略作爲草稿，然後邀請他人，即一位"當代大人先生"，據此撰寫墓志銘。但是，她摒棄了這一慣例，而代之以親筆撰寫。作爲一位有學識、有成就的女詩人，左錫嘉所掌握的寫作方法與文化知識，足以令她完成一篇既正式又感傷的墓志銘，以紀念她摯愛的丈夫的一生與事業。在這一過程中，她的角色最爲關鍵，正如她認識到的那樣。爲了突出他們之間的親密關係，她直接使用第二人稱代詞"君"稱呼曾詠。

志文：

皇清追贈太僕寺卿銜江西吉安府知府曾君墓志銘

左錫嘉

嗚呼！此我夫子之墓也。君歿後，家室轉徙十有八年，今始得一畝地，葬君故鄉。欲爲狀，乞當代大人先生彰君行事。而握筆追思，零淚如雨，狀久不克成。嘉今年益衰病，恐遂奄忽。使君堅志苦心不垂於家乘，嘉之罪也。竊附私謚康惠之義，就所能言者而表之。

君諱詠，字永言，號吟村，成都華陽人也。武城之裔，遷於西江。有元中葉，轉徙長樂。國朝康熙間始居華陽，遂爲縣人焉。祖諱惠超，父諱秀英，以君官封中議大夫。祖母氏黃，繼祖母氏張，母氏劉，封淑人。

君生而聰明，長而孝友。家世業農，十餘歲猶隨父母耕作田間。年十四，始發憤爲學，日仍代父秉耒耡，夜乃讀書，孜孜不倦。稍壯，能文。道光乙未春補弟子員，秋舉於鄉。益潛心經史，以己意條繫之，著讀史隨筆若干卷。復治《毛詩》《論語》《孝經》，于漢、宋諸儒解説，皆洞達其得失。凡所考訂、撰述，日數千言。每言：爲學之要，訓詁明，義理顯；爲人之要，律己嚴，責人寬。庶近道乎！

甲辰成進士，官户部主事，歷轉郎中。時有權貴轄户部，嘗遣人風示，欲君出其門。君徐曰："詠起家畎畝，未聞枉道求富貴。"言者逡巡去。居户部，不受外饋，不徇人私，十四年如一日。

咸豐八年，京察一等，記名以道府用。九年，奉旨驗漕津門，事竣，授江西吉安府知府。臨行辭長官，權貴復示意欲通内外消息，君若不喻。近君者履君足，君色不變，他顧，終不置一辭。時人駭怪，君夷然也。

既至吉安，郡城四遭淪陷，瓦礫塞通衢，存者惟敗堞數堵而已。君至，築城完廩。見白骨遍野，凄然流涕，出資命四廂收葬之。大府札君設釐局，[1] 君上書言百姓流離瘠苦，商賈不至，若復剥之，民將何堪？郡人讀其書，皆泣下，局不果設。君乃撫民教士，俾營耕桑，爲保聚計，民以有賴。

十一年春，粤寇復犯郡。君登陴固守，寇再攻，莫破。圍益急，數馳檄告，大府命將來援。爲將者李金暘，號衝天炮，與吉安陸參將得勝皆降賊，隸營伍者也，陰與寇通，至郡索金帛。君以創痍之民，不堪朘

---

[1] 這些釐局徵收地方商業稅，稅收用於支付與太平軍作戰的士兵軍餉。

左錫嘉《冷吟仙館文存》
光緒辛卯（1891）刻本

墓誌

皇清追贈太僕寺卿銜江西吉安府知府曾君墓誌銘

嗚呼此我夫子之墓也君歿後家室轉徙十有八年今

始得一畝地葬君故鄉欲爲狀乞當代大人先生彰君

行事而握筆追思淚如雨狀久不克成嘉今年益戔君

病恐遂奄忽使君堅志苦心不垂於家乘之罪也竊

附私謚康惠之義就所能言者而表之

得降詠字永言號今村成都華陽人也武城之裔遷於

西江有元中葉轉徙長樂

削，乃出俸金予之。李僞出陣，還言寇張甚，徒守不能遏，請府縣督團兵出城，設伏合擊之，寇必遁。君出督團兵，陸遂得開城迎寇入，李從之。君聞變，拔刀自刎，軍民泣阻，不得死。復投水，衆出之，泣曰："公死，吾輩將安歸？死無益，不如戰也。戰而勝，公之心白矣；不勝，吾輩將隨公死，不敢辭。"君乃强起，選練勇五百人，遣健者闌入城，夜焚火藥局。寇驚譁，君乘亂撓之，寇遁。君收城，而陸、李反飛書報捷，得懋賞。君被議落職，懷慚無慍。既而陸、李事洩，皆伏誅。

時節相曾文正公督兩江軍，知君賢，馳檄調君。而吉郡士民上書乞留，大府亦以善後事相委。文正復手書敦迫，君始往隨霆軍[1]剿賊，奏功復原官。尋歿於太平軍次。照軍營病故例優恤，贈太僕寺卿銜，蔭一子知縣。

君長身玉立，鬚髯髵然，眉目間秀氣鬱發，面有風棱，天性純篤，直廉勤樸，毀譽無加損。生平嗜書，手鈔書積數篋，惜并所著書皆焚於兵。

君生於嘉慶十八年九月初三日，卒於同治元年閏八月初二日，享年五十。原聘鍾氏，未娶卒。繼娶張氏、淡氏，均無出。撫君弟之子光禧爲長。嘉最後適君，生三子。光禧候選府經歷，以知縣升用；次子光

---

[1] 霆軍由曾國藩麾下湘籍名將鮑超（1828—1886）率領。

煦，蔭知縣；三光岷，縣學生；四光文。女六人：長適新都劉必帥，早寡；次適陽湖袁學昌；次適南充林尚辰；次適銅梁吳鍾瀛；次適漢州張祥齡；次適新都魏光瀛。

方君之抱疾，嘉聞信奔赴，鄱陽阻風，迨過湖而君凶耗至。遺屬云：“父母在堂，願卿歸侍。返柩非敢望，可殯吉郡，俟兒輩成立，再扶柩歸葬。”嗚呼，痛哉！君骨不歸，嘉無挈兒女獨歸理。顧此嗷嗷者，旅食異鄉，親戚隔絕，門戶孤子。會以窮困死，否則以憂傷死，且如舅姑何也？

越明年，扶柩溯江西上，間關險阻，僅乃得達。灑涕作《孤舟入蜀圖》，函告四方親友，以君之櫬歸，仗君之靈。事舅姑先後即世，葬祭如禮。四子長大，以婚以宦。女六人，各適其家。有男女孫六人。嗚呼！嘉之責其稍寬乎！

茲於光緒六年三月初八日，以禮葬君於成都城北石湃缺之陽。悲夫！重泉永閟，同穴何年？緬懿行於生平，懼弗彰於後世，敢鐫貞石，用志不朽。

（銘）曰：

矯矯忠貞，時惟我君。崇道茂學，懿孝篤親。

農曹守職，剛正不阿。爰及臨民，政以惠和。

狂寇憑陵，客將詭變。義氣所激，孤城再奠。

從師南征，復奮其功。王事憂勤，卒瘁厥躬。

我皇寵終，遺贈優隆。廕及後嗣，光被無窮。

靈谷千秋，寒松十圍。勒銘幽宮，永懷蓋徽。[1]

延伸閱讀：

蕭虹（Lily Xiaohong Lee）主編：《中國婦女傳記辭典·清代》（*Biographical Dictionary of Chinese Women: The Qing Period, 1644—1911*），夏普（M.E. Sharpe）出版社，1998年。

方秀潔（Grace S. Fong）：《太平天國時期一位未亡人的旅行：左錫嘉的詩作》（A Widow's Journey during the Taiping Rebellion: Zuo Xijia's Poetic Record），《譯叢》（*Renditions*）第70輯（2008），第49—58頁。

方秀潔（Grace S. Fong）：《書寫生命故事：中國歷史上的女性傳記作者》（Engendering Lives: Women as Self-Appointed and Sought-After Biographers），收於裴海寧（Ihor Pidhainy）、戴福士（Roger Des Forges）、方秀潔（Grace S. Fong）編，《呈現生命：明清時期的傳記形式，1644—1911》（*Representing Lives in China: Forms of Biography in the Ming Qing Period, 1644—1911*），康奈爾大學東亞項目，2018年，第197—226頁。

曼素恩（Susan Mann）：《閨秀與國家：十九世紀亂世中的女性寫作》（The Lady and the State: Women's Writings in Times of Trouble during the Nineteenth Century），收於方秀潔（Grace S. Fong）、魏愛蓮（Ellen Widmer）編，《跨越閨門：明清女性作家論》（*The Inner Quarters and*

---

[1] 來源：左錫嘉《冷吟仙館詩稿詩餘文存》，清光緒十七年（1891）定襄官署刊本，文存，4a—7b，收入胡曉明、彭國忠編《江南女性別集二編》，黃山書社，2010年，下冊，第1417—1420頁；又見"明清婦女著作"資料庫：http://digital.library.mcgill.ca/mingqing/search/results-work.php?workID=112&language=eng.

Beyond: Women Writers from Ming through Qing）, 博睿學術出版社（Brill）, 2010年, 第228—313頁。此書中譯版, 北京大學出版社, 2014年。

梅爾清（Tobie Meyer-Fong）:《浩劫之後：太平天國戰爭與十九世紀的中國》（*What Remains: Coming to Terms with Civil War in 19th Century China*）, 斯坦福大學出版社, 2013年。

（方秀潔）

附　錄

中英文參考論著

有關墓志銘作爲文本及石刻的研究

李安敦（Anthony Barbieri-Low）:《刻石爲生：東漢的碑碣工匠》（Carving Out a Living: Stone-Monument Artisans During the Eastern Han Dynasty），收於劉怡瑋（Cary Y. Liu）、戴梅可（Michael Nylan）、李安敦編,《重塑中國歷史：武梁祠的藝術、考古與建築》（*Recarving China's Past: Art, Archaeology, and Architecture of the "Wu Family Shrines"*），耶魯大學出版社，2005年，第485—511頁。

董慕達（Miranda Brown）:《如何解讀漢代碑刻》（Han Steles: How to Elicit What They Have to Tell Us），收於劉怡瑋（Cary Y. Liu）、内奧米·N·理查德（Naomi Noble Richard）編,《反思與重塑：漢代中國和武梁祠的理想、實踐與問題》（*Rethinking and*

Recarving: Ideals, Practices, and Problems of the "Wu Family Shrines" and Han China），普林斯頓大學藝術博物館，2008年，第180—195頁。

朱雋琪（Jessey Jiun-Chyi Choo）：《褻瀆對死者的儀式？中古晚期墓志銘中的堪輿與追記》（Shall We Profane the Service of the Dead? Burial Divination and Remembrance in Late Medieval *Muzhiming*），《唐研究》（*Tang Studies*）第33輯（2015），第1—37頁。

戴高祥（Timothy M. Davis）：《墓中的石刻與中古紀念文化：早期墓志銘的發展史》（*Entombed Epigraphy and Commemorative Culture in Early Medieval China: A History of Early Muzhiming*），博睿學術出版社（Brill），2015年。

迪磊（Alexei Ditter）：《追懷作爲一種商業交易活動：中晚唐受托撰寫的墓志銘》（The Commerce of Commemoration: Commissioned *Muzhiming* in the Mid- to Late Tang），《唐研究》（*Tang Studies*）第32輯（2014），第21—46頁。

伊沛霞（Patricia Buckley Ebrey）：《後漢時期的碑刻》（Later Han Stone Inscriptions），《哈佛亞洲研究學刊》（*Harvard Journal of Asiatic Studies*）第40輯，第2期（1980），第325—353頁。

艾朗諾（Ronald C. Egan）：《歐陽修的文學作品》（*The Literary Works of Ou-yang Hsiu*），劍橋大學出版社，

1984年。

盧慧文（Lu Huiwen）：《北魏洛陽石刻的書法》
（Calligraphy of Stone Engravings in Northern Wei
Luoyang），收於劉怡瑋（Cary Y. Liu）、經崇儀
（Dora C. Y. Ching）、朱迪·G·史密斯（Judith
G. Smith）編，《中國書法中的文字與語境》
（*Character and Context in Chinese Calligraphy*），普
林斯頓大學藝術博物館，1999年，第78—103頁。

蕭婷（Angela Schottenhammer）：《宋代墓志銘的特點》
（Characteristics of Song Epitaphs），收於迪特·庫
恩編，《宋代的墓葬》（*Burial in Song China*），編
輯論壇出版社（Edition Forum），1994年，第
235—306頁。

楊若薇（Yang Ruowei）：《遼代碑刻及其對研究遼史的
重要性》（The Liao-Dynasty Stone Inscriptions and
Their Importance to the Study of Liao History），葛斯
德圖書館雜志（*The Gest Library Journal*）第6輯，
第2期（1993），第55—72頁。

張聰（Cong Ellen Zhang）：《官僚政治與紀念性傳記：
范仲淹的碑銘書寫》（Bureaucratic Politics and
Commemorative Biography: The Epitaphs of Fan
Zhongyan），收於伊沛霞（Patricia Ebrey）、史樂民
（Paul Jakov Smith）編，《中國的國家權力，900—
1325》（*State Power in China, 900—1325*），華盛頓

大學出版社，2016年，第192—216頁。

趙超（Zhao Chao）:《魏晉南北朝的石刻》（Stone Inscriptions of the Wei-Jin Nanbeichao Period），《中國中古研究》（*Early Medieval China*）第1輯（1994），第84—96頁。

有關喪葬文化及追悼的研究

白瑞旭（K. E. Brashier）:《中國早期歷史上的祖先記憶》（*Ancestral Memory in Early China*），哈佛大學亞洲中心，2011年。

白瑞旭（K. E. Brashier）:《中國早期歷史上的公共記憶》（*Public Memory in Early China*），哈佛大學亞洲中心，2014年。

董慕達（Miranda Brown）:《中國早期歷史上的悼亡政治》（*The Politics of Mourning in Early China*），紐約州立大學出版社，2007年。

崔愛花（Choi Mihwa）:《北宋的喪禮與政治》（*Death Rituals and Politics in Northern Song China*），牛津大學出版社，2017年。

方夏蓮（Mary H. Fong）:《陝西隋唐葬俗先例》（Antecedents of Sui-Tang Burial Practices in Shaanxi），《亞洲藝術》（*Artibus Asiae*）第51輯（1991），第147—198頁。

郭珏（Guo Jue）:《新近出土漢代墓葬中隨葬物及文本所反映的有關死亡及來世觀念》（Concepts of Death and the Afterlife Reflected in Newly Discovered Tomb Objects and Texts from Han China）, 收於艾米·奧伯丁（Amy Olberding）、艾文賀（Phillip. J. Ivanhoe）編,《中國傳統思想中的死亡》（*Mortality in Traditional Chinese Thought*）, 紐約州立大學出版社, 2011年, 第85—115頁。

黃衛總（Martin Huang）:《私密的記憶: 晚期中華帝國的性別與悼亡》（*Intimate Memory: Gender and Mourning in Late Imperial China*）, 紐約州立大學出版社, 2018年。

何四維（A. F. P. Hulsewé）:《墓葬中的文本》（Texts in Tombs）,《亞洲研究》（*Asiatische Studien*）第18—19輯（1965）, 第78—89頁。

來國龍（Lai Guolong）:《幽冥之旅: 早期中國宗教考古》（*Excavating the Afterlife: The Archaeology of Early Chinese Religion*）, 華盛頓大學出版社, 2015年。

麥大維（David McMullen）:《周利貞之死: 自然死亡還是應朝廷之命自殺? 》（The Death of Chou Li-chen: Imperially Ordered Suicide or Natural Causes?）,《亞洲專刊》第三系列（*Asia Major*, 3rd ser.）第2輯, 第2期（1989）, 第23—82頁。

蒲慕州（Mu-chou Poo）:《漢以前及漢代有關死亡及葬

禮的看法》（Ideas Concerning Death and Burial in Pre-Han and Han China），《亞洲專刊》第三系列（*Asia Major*, 3rd ser.）第3輯，第2期（1990），第25—62頁。

夏南悉（Nancy Shatzman Steinhardt）：《元代墓葬及碑銘：漢人來世的身份標識變化》（Yuan Period Tombs and their Inscriptions: Changing Identities for Chinese Afterlife），《伊斯蘭與東亞藝術》（*Ars Orientalis*）第37輯（2009），第140—174頁。

巫鴻（Wu Hung）：《從廟宇到墳塋：變動中的古代中國藝術和宗教》（From Temple to Tomb: Ancient Chinese Art and Religion in Transition），《早期中國》（*Early China*）第13輯（1988），第78—115頁。

巫鴻（Wu Hung）：《黃泉的藝術》（*The Art of the Yellow Springs*），夏威夷大學出版社，2010年。

大量使用墓志銘的婦女史研究

白亞仁（Allan H. Barr）：《清代早期的婚姻和悼念亡妻》（Marriage and Mourning in Early-Qing Tributes to Wives），《男女：中國的男性、女性和社會性別》（*Nan Nü: Men, Women and Gender in China*），第15輯，第1期（2013），第137—178頁。

柏文莉（Beverly Bossler）：《終生爲女：宋代及帝制

晚期的姻親及女性人際網絡》（A Daughter is a Daughter All Her Life: Affinal Relations and Women's Networks in Song and Late Imperial China），《清史問題》（Late Imperial China）第21輯，第1期（2000），第77—106頁。

凱瑟琳·卡利茲（Katherine Carlitz）:《哀悼、個性、情感表現：明代士人紀念母親姐妹和女兒》（Mourning, Personality, Display: Ming Literati Commemorate Their Mothers, Sisters, and Daughters），《男女：中國的男性、女性和社會性別》（Nan Nü: Men, Women and Gender in China），第15輯，第1期（2013），第30—68頁。

伊沛霞（Patricia Buckley Ebrey）:《内闈：宋代婦女的婚姻和生活》（The Inner Quarters, Marriage and the Lives of Chinese Women in the Sung Period），加利福尼亞州大學出版社，1993年。

伊沛霞（Patricia Buckley Ebrey）:《劉克莊家中的女性》（The Women in Liu Kezhuang's Family），伊沛霞著，《中國歷史上的婦女與家庭》（Women and the Family in Chinese History），勞特利奇出版社，2003年，第89—106頁。

李貞德（Jen-der Lee）:《公主之死：中世早期家庭倫理的法制化》（The Death of a Princess-Codifying Classical Family Ethics in Early Medieval China），收

於牟正蘊（Sherry J. Mou）編，《存在與呈現：中國士大夫傳統中的婦女》（*Presence and Presentation: Women in the Chinese Literati Tradition*），聖馬丁出版社，1999年，第1—37頁。

李貞德（Jen-der Lee）：《一位三世紀乳母徐義的墓志銘》（The Epitaph of a Third-Century Wet Nurse, Xu Yi），收於田菱（Wendy Swartz）、康儒博（Robert F. Campany）、陸揚（Yang Lu）、朱雋琪（Jessey Choo）編，《中古早期史料集》（*Early Medieval China: A Sourcebook*），哥倫比亞大學出版社，2014年，第458—467頁。

李貞德（Jen-der Lee）：《六朝女性生活》（The Life of Women in the Six Dynasties），《婦女與兩性學刊》（*Journal of Women and Gender Studies*），第4輯（1993），第47—80頁。

許曼（Xu Man）：《跨越門閭：宋代福建女性的日常生活》（*Crossing the Gate: Everyday Lives of Women in Song Fujian [960—1279]*），紐約州立大學出版社，2016年。

姚平（Yao Ping）：《女性肖像：中國歷史早期與中期墓志概觀》（Women in Portraits: An Overview of Epitaphs from Early and Medieval China），收於劉詠聰（Clara Wing-chung Ho）編，《亦顯亦隱的寶庫：中國女性史史料學論文集》（*Overt and Covert Treasures:*

Essays on the Sources for Chinese Women's History), 香港中文大學出版社, 2012年, 第157—183頁。

姚平(Yao Ping):《唐代女性墓志綜覽》(Women's Epitaphs in Tang China [618—907]), 收於季家珍 (Joan Judge)、胡纓(Ying Hu)編,《重讀中國女性生命故事》(*Beyond Exemplar Tales: Women's Biography in Chinese History*), 加利福尼亞州大學出版社, 2011年, 第139—157頁。

姚平(Yao Ping):《善緣:唐代的佛教徒母親和子女》(Good Karmic Connections: Buddhist Mothers and Their Children in Tang China [618—907]),《男女:中國的男性、女性和社會性別》(*Nan Nü: Men, Women and Gender in China*) 第10輯, 第1期 (2008), 第57—85頁。

姚平(Yao Ping):《唐代婦女的生命歷程》, 上海古籍出版社, 2020年。

大量使用墓志銘的社會文化史研究

柏文莉(Beverly J. Bossler):《權力關係:宋代中國的家族, 地位與國家》(*Powerful Relations: Kinship, Status, and the State in Sung China* [960—1279]), 哈佛大學亞洲中心, 1998年。

賈志揚(John W. Chaffee):《天潢貴胄:宋代宗室史》

（*Branches of Heaven: A History of the Imperial Clan of Sung China*），哈佛大學亞洲中心，1999年。

伊沛霞（Patricia Buckley Ebrey）：《早期中華帝國的貴族家庭：博陵崔氏個案研究》（*The Aristocratic Families of Early Imperial China: A Case Study of the Po-ling Ts'ui Family*），劍橋大學出版社，1978年。

何復平（Mark Halperin）：《廟宇之外：宋代士人佛教觀，960—1279》（*Out of the Cloister: Literati Perspectives on Buddhism in Sung China, 960—1279*），哈佛大學亞洲中心，2006年。

韓明士（Robert P. Hymes）：《官宦與紳士：兩宋江西撫州的精英》（*Statesmen and Gentlemen: The Elite of Fu-chou, Chiang-hsi, in Northern and Southern Sung*），劍橋大學出版社，1986年。

飯山知保（Iiyama Tomoyasu）：《石刻與地位：有關元代中國北方新興精英的史料》（Steles and Status: Evidence for the Emergence of a New Elite in Yuan North China），《中國歷史學刊》（*Journal of Chinese History*）第1輯，第1期（2017），第3—26頁。

盧葦菁（Lu Weijing）：《清代文集中有關女性親屬的書寫》（Personal Writings on Female Relatives in the Qing Collected Works），收於劉詠聰（Clara Wing-chung Ho）編，《亦顯亦隱的寶庫：中國女性史史料學論文集》（*Overt and Covert Treasures: Essays on the*

Sources for Chinese Women's History），香港中文大學出版社，2012年，第403—426頁。

田安（Anna M. Shields）：《知己：中唐時期的友誼及文學》（*One Who Knows Me: Friendship and Literary Culture in Mid-Tang China*），哈佛大學亞洲中心，2015年。

譚凱（Nicolas Tackett）：《中古中國門閥大族的消亡》（*The Destruction of the Medieval Chinese Aristocracy*），哈佛大學亞洲中心，2014年。

許曼（Xu Man）：《變革中的中國地方精英：潞州出土七到十二世紀墓志銘》（China's Local Elites in Transition: Seventh- to Twelfth-Century Epitaphs Excavated in Luzhou），《亞洲專刊》第三系列（*Asia Major*, 3rd ser.）第30輯，第1期（2017），第59—107頁。

張聰（Cong Ellen Zhang）：《北宋士人與孝道：家庭、國家、鄉里》（*Performing Filial Piety in Northern Song China: Family, State, and Native Place*），夏威夷大學出版社，2020年。

衣若蘭：《明清夫婦合葬墓誌銘義例探研》，《台灣師大歷史學報》，第58期（2017），第51—90頁。

傳 記 研 究

杜潤德（Stephen Durrant）：《濁鏡：司馬遷作品中的張

力與衝突》(*The Cloudy Mirror: Tension and Conflict in the Writings of Sima Qian*)，紐約州立大學出版社，1995年。

季家珍（Joan Judge）、胡纓（Hu Ying）編：《重讀中國女性生命故事》(*Beyond Exemplar Tales: Women's Biography in Chinese History*)，加利福尼亞州大學出版社，2011年。

杜希德（Denis Twitchett）：《中國的傳記寫作》(*Chinese Biographical Writing*)，W. G. 比斯利（W. G. Beasley）、蒲立本（E. G. Pulleyblank）編，《中國和日本的史學家》(*Historians of China and Japan*)，牛津大學出版社，1961年，第95—114頁。

杜希德（Denis Twitchett）：《中國傳記的問題》(Problems of Chinese Biography)，收於芮沃壽（Arthur F. Wright）、杜希德（Denis Twitchett）編，《儒家人物》(*Confucian Personalities*)，斯坦福大學出版社，1962年，第24—39頁。

杜希德（Denis Twitchett）：《唐代正史的修撰》(*The Writing of Official History under the T'ang*)，劍橋大學出版社，1992年。

衣若蘭：《女性"名"分與清初傳記書寫論辯》，《新史學》第26卷，第1期（2015），第59—104頁。

衣若蘭：《史學與性別：〈明史·列女傳〉與明代女性史之建構》，山西教育出版社，2011年。

中文墓志石刻論著選編

（以編著者姓名拼音順序排列）

（明）王行：《墓銘舉例》，臺北商務印書館，1986年。

（清）武億等纂：《安陽縣金石錄》，成文出版社，1968年。

《隋唐五代墓志彙編》（全30冊），天津古籍出版社，
　　2009年。

安陽市文物考古研究所、安陽博物館編著：《安陽墓志
　　選編》，科學出版社，2015年。

北京大學圖書館金石組胡海帆、湯燕、陶誠編：《北京
　　大學圖書館藏歷代墓志拓片目錄》（上、下），上海
　　古籍出版社，2013年。

滄州市文物局編：《滄州出土墓志》，科學出版社，2007年。

陳柏泉編著：《江西出土墓志選編》，江西教育出版社，
　　1991年。

慈溪市文物管理委員會辦公室、寧波市江北區文物管理
　　所編：《慈溪碑碣墓志彙編》（共2冊），浙江古籍出
　　版社，2017年。

高文、高成剛編：《四川歷代碑刻》，四川大學出版社，
　　1990年。

國家圖書館善本金石組編：《宋代石刻文獻全編》，北京
　　圖書館出版社，2003年。

國家圖書館善本金石組編：《遼金元石刻文獻全編》，北

京圖書館出版社，2003年。

郭茂育、劉繼保編著：《宋代墓志輯釋》，中州古籍出版社，2016年。

郭茂育、趙水森編著：《洛陽出土鴛鴦志輯錄》，國家圖書館出版社，2012年。

故宮博物院編，郭玉海、方斌主編：《故宮博物院藏歷代墓志彙編》（共3冊），紫禁城出版社，2010年。

何丙仲、吳鶴立編纂：《廈門墓志銘彙粹》，廈門大學出版社，2011年。

河南省文物研究所、河南省洛陽地區文管處編：《千唐志齋藏志》，文物出版社，1985年。

胡戟、榮新江主編：《大唐西市博物館藏墓志》（全三冊），北京大學出版社，2012年。

李恒法、解華英編著：《濟寧歷代墓志銘》，齊魯書社，2011年。

羅新、葉煒著：《新出魏晉南北朝墓志疏證》（修訂本），中華書局，2016年。

羅振玉編：《六朝墓志菁英》，河南美術出版社，2017年。

羅振玉編：《六朝墓志菁英二編》，河南美術出版社，2017年。

洛陽市第二文物工作隊李獻奇、郭引强編：《洛陽新獲墓志》，文物出版社，1996年。

洛陽市文物管理局、洛陽市文物工作隊編：《洛陽出土墓志目錄》，朝華出版社，2001年。

洛陽市文物考古研究院編，周立主編：《洛陽出土墓志目錄續編》，國家圖書館出版社，2012年。

馬曙明、林任豪主編，丁伋點校：《臨海墓志集錄》，宗教文化出版社，2002年。

毛漢光主編：《"中研院"歷史語言研究所藏歷代墓志銘拓片目錄》，"中研院"歷史語言研究所，1985年。

毛陽光、余扶危主編：《洛陽流散唐代墓志彙編》（上、下），國家圖書館出版社，2013年。

齊淵（運通）編著：《洛陽新見墓志》，上海古籍出版社，2011年。

齊運通、趙力光編：《北朝墓志百品》，中華書局，2018年。

齊運通編：《洛陽新獲七朝墓志》，中華書局，2012年。

喬棟、李獻奇、史家珍編著：《洛陽新獲墓志續編》，科學出版社編，2008年。

衢州市博物館編著：《衢州墓志碑刻集錄》，浙江人民美術出版社，2006年。

饒宗頤編著：《唐宋墓志：遠東學院藏拓片圖錄》，香港中文大學出版社，1981年。

榮麗華編集，王世民校訂：《1949—1989四十年出土墓志目錄》，中華書局，1993年。

陝西省考古研究院編，李明、劉呆運、李舉綱主編：《長安高陽原新出土隋唐墓志》，文物出版社，2016年。

王其禕、周曉薇編著：《隋代墓志銘彙考》（共6冊），綫裝書局，2007年。

王壯弘、馬成名編著：《六朝墓志檢要》（修訂本），上海書店出版社，2018年。

西安市文物稽查隊編：《西安新獲墓志集萃》，文物出版社，2016年。

《新中國出土墓志》（多卷多地），文物出版社，出版年代不一。

楊作龍、趙水森等編著：《洛陽新出土墓志釋録》，北京圖書館出版社，2004年。

余扶危、張劍主編：《洛陽出土墓志卒葬地資料彙編》，北京圖書館出版社，2002年。

章國慶編著：《寧波歷代碑碣墓志彙編（唐/五代/宋元卷）》，上海古籍出版社，2012年。

張紅軍主編：《沁陽市博物館藏墓志》，科學出版社，2018年。

張同印編著：《隋唐墓志書迹研究》，文物出版社，2003年。

趙超編：《漢魏南北朝墓志彙編》，天津古籍出版社，1992年。

趙君平編：《邙洛碑志三百種》，中華書局，2004年。

趙君平、趙文成編著：《秦晉豫新出墓志蒐佚》（共4冊），國家圖書館出版社，2015年。

趙力光主編：《西安碑林博物館新藏墓志續編》（上、下），陝西師範大學出版社，2014年。

趙萬里編：《漢魏南北朝墓志集釋》，科學出版社，1956年。

趙文成、趙君平主編：《秦晉豫新出墓志蒐佚續編》（共
　　5冊），國家圖書館出版社，2015年。

趙文成、趙君平編選：《新出唐墓志百種》，西泠印社出
　　版社，2010年。

鄭嘉勵、梁曉華編：《麗水宋元墓志集録》，浙江古籍出
　　版社，2013年。

中國國家博物館編：《中國國家博物館館藏文物研究叢
　　書（墓志卷）》，上海古籍出版社，2017年。

周紹良主編：《唐代墓志彙編》，上海古籍出版社，
　　1992年。

周紹良、趙超主編：《唐代墓志彙編續集》，上海古籍出
　　版社，2001年。

部分有關墓志的中文專著和論文

（以作者姓名拼音順序排列）

拜根興：《石刻墓志與唐代東亞交流研究》，科學出版
　　社，2015年。

拜根興：《唐代高麗百濟移民研究：以西安洛陽出土墓
　　志爲中心》，中國社會科學出版社，2012年。

陳尚君：《唐代的亡妻與亡妾墓志》，《中華文史論叢》，
　　2006年第2期。

陳爽：《出土墓志所見中古譜牒研究》，學林出版社，
　　2015年。

顧乃武：《歷史的足迹：東魏至唐河北墓志的三體流變》，人民出版社，2015年。

胡可先：《出土文獻與唐代文學史新視野》，《文學遺產》，2005年第1期。

胡可先：《墓志銘與中國文學的家族傳統》，《江海學刊》，2017年第4期。

黃寬重：《宋史研究的重要史料——以大陸地區出土宋人墓志資料爲例》，《新史學》第9卷第2期，1998年。

黃清發：《論唐人自撰墓志及其本質特徵》，收於中國唐史文學學會等編，《唐代文學研究》，廣西師範大學出版社，2006年。

黃震：《略論唐人自撰墓志》，《長江學術》，2006年第1期。

蔣愛花：《唐代家庭人口輯考——以墓志銘資料爲中心》，中央民族大學出版社，2013年。

李鴻賓：《墓志所見唐朝的胡漢關係與文化認同問題》，中華書局，2019年。

李鴻賓主編：《中古墓志胡漢問題研究》，寧夏人民出版社，2013年。

林登順：《北朝墓志文研究》，（臺北）麗文文化事業股份有限公司，2009年。

劉鳳君：《南北朝石刻墓志形制探源》，《中原文物》，1988年第2期。

劉静貞：《女無外事？——墓志碑銘中所見之北宋士大

夫社會秩序理念》,（臺北）《婦女與兩性學刊》,
　　1993年第4期。

劉靜貞：《北宋前期墓志書寫活動初探》,《東吳歷史學
　　報》, 2004年第11期。

劉靜貞：《正史與墓志資料所映現的五代女性意象》, 載
　　榮新江主編,《唐研究》第11卷, 北京大學出版社,
　　2005年。

劉馨珺：《從墓志銘談宋代地方官的赴任》,《東吳歷史
　　學報》, 2004年第12期。

盧建榮：《從在室女墓志看唐宋性別意識的演變》,《臺
　　灣師大歷史學報》, 1997年第25期。

陸揚：《從墓志的史料分析走向墓志的史學分析——以
　　〈新出魏晉南北朝墓志疏證〉爲中心》,《中華文史
　　論叢》, 2006年第4期。

呂海春：《長眠者的自畫像——中國古代自撰類墓志銘
　　的歷史變遷及其文化意義》,《中國典籍與文化》,
　　1999年第3期。

呂建中、胡戟主編：《大唐西市博物館藏墓志研究》, 陝
　　西師範大學出版總社有限公司, 2013年。

羅維明：《中古墓志詞語研究》, 暨南大學出版社, 2003年。

馬立軍：《北朝墓志文體與北朝文化》, 中國社會科學出
　　版社, 2015年。

孟國棟：《唐代墓志銘創作的程式化模式及其文學意
　　義》,《浙江大學學報（人文社會科學版）》, 2015年

第5期。

孟國棟：《墓志的起源與墓志文體的成立》，《浙江大學學報（人文社會科學版）》，2013年第5期。

孟國棟、胡可先：《論墓志文體志文和銘文的特點、功用及相互關係》，《浙江大學學報（人文社會科學版）》，2012年第6期。

苗書梅：《墓志銘在研究宋代官制中的價值——以北宋元豐改制以前的監當官爲例》，《東吳歷史學報》，2004年第11期。

牛致功：《唐代史學與墓志研究》，三秦出版社，2006年。

彭國忠：《從紙上到石上：墓志銘的生產過程》，《安徽大學學報（哲學社會科學版）》，2016年第3期。

彭文峰：《唐代墓志中的地名資料整理與研究》，人民日報出版社，2015年。

邱佳慧：《由墓志銘看二程對婦女的書寫》，《東吳歷史學報》，2004年第12期。

孫繼民主編：《河北新發現石刻題記與隋唐史研究》，河北人民出版社，2006年。

仝相卿：《墓志所見韓琦出身及婚姻關係述略——兼論北宋相州韓氏家族妾的封贈》，收於常建華主編《中國社會歷史評論》第15輯，天津古籍出版社，2014年。

仝相卿：《北宋墓志碑銘撰寫研究》，中國社會科學出版社，2019年。

萬軍傑:《唐代女性的生前與卒後——圍繞墓志資料展開的若干探討》,天津古籍出版社,2010年。

王德毅:《宋人墓志銘的史料價值》,《東吳歷史學報》,2004年第12期。

王連龍:《新見北朝墓志集釋》,中國書籍出版社,2013年。

吳雅婷:《宋代墓志銘對朋友之倫的論述》,《東吳歷史學報》,2004年第11期。

徐冲:《從"異刻"現象看北魏後期墓志的"生產過程"》,《復旦學報(社會科學版)》,2011年第2期。

楊果:《宋人墓志中的女性形象解讀》,《東吳歷史學報》,2004年第11期。

楊克炎:《北魏墓志中的同志異刻現象》,《書法研究》,1995年第1期。

楊向奎編:《唐代墓志義例研究》,岳麓書社,2013年。

姚美玲:《唐代墓志詞彙研究》,華東師範大學出版社,2008年。

葉國良:《石本與集本碑志文異同問題研究》,《臺大中文學報》,1996年第8期。

殷憲:《大同新出唐遼金元志石新解》,三晉出版社,2012年。

張智瑋:《從墓志銘看宋代地方的"劇郡"與"閑郡"》,《東吳歷史學報》,2004年第12期。

趙超:《古代墓志通論》,紫禁城出版社,2003年。

趙超:《中國古代銘刻與文書研究五十年》,《考古》,

1999年第9期。

祝尚書：《傳史遷之風神，能出神而入化：論歐陽修碑
　　志文的文學成就》，收於《宋代文學研究》第8輯，
　　四川大學出版社，1998年。

鄭必俊：《兩宋官紳家族婦女——千篇宋代婦女墓志銘
　　研究》，收於袁行霈主編，北京大學中國傳統文化
　　研究中心編，《國學研究》第6卷，北京大學出版
　　社，1999年。

鄭嘉勵：《南宋的志墓碑刻：以浙江的材料爲例》，《東
　　方博物》，2012年第4期。

鄭銘德：《宋代商賈墓志銘中所見士人觀念中的商賈形
　　象與典範》，《東吳歷史學報》，2004年第11期。

周阿根：《五代墓志彙考》，黃山書社，2012年。

周阿根：《五代墓志詞彙研究》，中國社會科學出版社，
　　2015年。